安田正 **Tadashi Yasuda**

Simple tips
that only English
speakers know

たった
10日間で
完全マスター

英語を
話せる人だけが
知っている
シンプルなコツ

フォレスト出版

まえがき

「表現を暗記する」から「カタチを理解する」英語学習法へ

これまでの英語学習は、「表現を暗記すること」に焦点を置いていました。

たとえば、「彼のアイデアは良さそうだ」という意味の英文を使いたい場合、何度も〈His idea sounds good〉という英文の表現を繰り返して暗記するのが一般的でした。

さらに、表現に加えて単語も覚え、発音を練習しなければなりません。つまり、何から何までただ単に暗記することが英語学習でした。

しかし、このような学習方法では、暗記した内容をすぐに忘れてしまいます。

「6掛けの法則」という言葉があります。暗記したことは1年後に100×0.6＝60％になり、2年後には60×0.6＝36％、そして3年後には36×0.6＝21.6％しか記憶していないというものです。ちなみに、10年後まで計算すると、その割合はわずか0.6％と1％を切ります。

この法則に確かなエビデンスがあるわけではないのですが、体感としては、なんとなく身に覚えがあるはずです。

実際、私にも「6掛けの法則」を身をもって経験した苦い過去があります。

もう、50年も前の大学生だった頃です。

私は英語を話せるようになりたくてNHKのラジオ英会話を毎日聞いて練習していました。

「習ったフレーズは絶対覚えるぞ！」とメラメラやる気に燃えてがんばっていました。

そんな努力と裏腹に、1年後に覚えていたフレーズはたったの1つ。

〈It' s my personal matter〉

だけでした。

　それは空港ターミナルでのシーンで、Ａさんが、

「この荷物はあなたのものですか？」

　と隣にいたＢさんに尋ねたところ、

〈It's my personal matter〉（それは私の荷物です）

　と返事をするシーンのフレーズです。

　その会話を聞いて、私は「へぇー、そんな言い回しがあるんだ」と印象に残ったので、今でもこのフレーズは覚えています。

　しかし、**残念ながら使ったことは今まで一度もありません。**

　表現を暗記しても、そんなものなのです。

　このような「表現を暗記する」、そして「ほとんど忘れる」ことが、これまでの英語学習者の実感であったといえます。

　私は、この不毛な英語学習を終わらせたく、これまでとはまったく異なるアプローチで英語を話せる方法をつくり出しました。

　それが**「英語のカタチを理解する」アプローチ方法**です。

　英語のカタチとは、つまり英文の骨組みのこと。

　たとえば先の「彼のアイデアは良さそうだ」という日本語を、英語のカタチに合わせて並べていきましょう。

ステップ1 日本語

彼のアイデアは良さそうだ。

ステップ2 日英語

人	モノ		特性	キャラ	名前	状態

A ========================== B

彼のアイデア　　　　　　　　　　　　　　　良い

　本文で詳しく解説しますが、このステップのキモになってくるのは「英語のカタチを理解すること」です。

　つまり、伝えたい日本語の文の中から、英語のカタチに合わせて情報を取り出して並べていくことです。

　そのためには「英語のカタチ」を理解しなければなりません。

　といっても、そのカタチはシンプルですぐに使いこなすことができます。

　しかも、**「理解する」のであって決して「暗記する」のではありません。**そして「暗記する」ことがないので「忘れる」こともありません。

　ですので、「英語を話す＝暗記」と考えて苦手意識を感じていた方は、ぜひ希望を持ってください。

　実際、この英語学習法を学んだ方々からは、

「この新しい英語の勉強方法を知ってしゃべれるようになった」
「目からウロコ。いろいろな英語の勉強をする前に出会いたかった……」
「私は現在65歳ですが、再度英語を勉強する気にさせてくれたこの方

法に感謝しています」

　と言っていただき、みなさん楽しく英会話ができるようになっています。

　ですから、私はあらためて声を大にして言いたいのです。

「英語のカタチ」を理解すれば、英語は誰でも話せます！

　本編はストーリー、対話形式で構成しています。

「暗記や発音が苦手で、いくら学んでも英語がしゃべれない」典型的な日本人の主人公マコトに対して、「英語のカタチ」を学んで英語マスターになったカズトが指南していきます。さらに、マコトが英語を本気で学ぶきっかけになったスウェーデン人のエレナとフランス人のルイーズが登場し、マコトの英語力向上のサポートをしていきます。

　読者の皆様も、マコトのストーリーを追体験することで、自然と英語のカタチを理解でき、10日間という短期間で英語を話せるようになるでしょう。

　本書があなたの英語学習の一助になれば幸いです。

CONTENTS

英語を話せる人だけが知っている
シンプルなコツ

ブックデザイン 山之口正和＋齋藤友貴（OKIKATA）
イラスト 岡田丈
DTP・図版作成 フォレスト出版編集部

「このクルーズ船のディナーは おいしそうですね」 を英語で言えますか?

事の発端はたった3日前のことだった。

足を骨折して入院した叔母さんのお見舞いに行ったときのこと。

「えっ! マコトちゃん、会社辞めてヒマなの? じゃ、キャンセルしようと思っていたけど、このクルーズ船にでも乗ってくる?」

と「日本一周クルーズ船の旅10日間」のチケットを、叔母さんが気前よくプレゼントしてくれたのだ。

その頃、転職活動もやる気にならずにダラダラしていた。実は3年間付き合っていた彼女にフラれたのだ。もう、何もかもどうでもいい。かなりどん底だった。

そんなときのクルーズ船のチケットだったのだ。スケジュールも、気持ちをリセットさせるにはちょうどいい10日間。

清々しい気持ちで船にぶつかる白い波を見ていると、背後から大きな笑い声が聞こえてきた。

予想どおり、客のほとんどが日本人の中高年層で、僕と同年代の人は見当たらない。ただ、外国人観光客が多いのは意外だった。効率良く日本中を観光できるので人気らしい。

独りぼっちの僕だが、孤独感よりは開放感のほうが勝っていた。これで転職の不安も失恋のショックも少しは忘れられるのだろうか。

夕食のフルコースはこのクルーズ船の売りの1つだが、そのときは同じメンバー、同じ座席でテーブルを囲まなければならない。どんな人が隣に座るんだろうと期待と不安が高まる中、僕の左隣の席にチラリと視

線を向けると、……その瞬間、ハッと息が止まった。

　昔観た映画かドラマに出ていた金髪で青い目、透き通るような白い肌のお姫様。ディズニー映画の実写版だったか、何だったか忘れたが、とにかく何かのプリンセスだ。

　そんな僕の心中を知ってか、彼女はニコッと微笑み「Hi！」とあいさつしてくれた。

　僕は全力を振り絞ってニコッと返した。なんとか会話しないと！

　バシッとこの場にふさわしいセリフを言いたい。いきなり、「きれいですね」はあまりにも突拍子もないので、なるべくスマートに、「このクルーズ船のディナーはおいしそうですね」とかにしよう。

　ディスクルーズのディナーは……えっと、アイ、クルーズのディナーデリーシャス……。

　だめだ……。英語だか日本語だか何をしゃべっているのか、自分でもわからない。すると、彼女はニコッと微笑み、きっぱりと言った。

　私は日本語、話せますよ。エレナといいます。スウェーデン人です。

　そ、そ、そうですか……。はい、あの……マコトと言います。よろしくお願いします。

　はい、よろしくお願いします。このクルーズ船のディナーはおいしそうですね。

そのセリフはまさに僕が言おうとしていたことだ！
　ああ、それをかっこよく英語で言いたかった。
　この運命の出会いを、ここから先どう進めていくべきか。そもそも、さっきのパニック状態をさらけだしてしまった今、彼女は心の中ではバ

11

カにしているんじゃないだろうか。10秒前まで運命の出会いに舞い上がっていたのに、今はみじめさしかない。

　それでも僕はなんとか会話をしようと勇気を振り絞って、「あの……」と声を出した瞬間、背後から声がした。

　　　エレナ！　こっちに来ていたんだね。良かった！

振り返ってみると日本人男性が近づいてきた。
エレナは「カズト、待ってたわ」と手を振った。
えっ！　この男はいったい……？

ちなみに、
「このクルーズ船のディナーはおいしそうですね」
を英語にすると……

A ＝ B

The dinner looks delicious in this cruise.

主 語 ＋ 動 詞 ＋ A ＝ B

I find the dinner delicious in this cruise.

主 語 ＋ 動 詞 ＋ 人 ＋ 物

The dinner gives us a delicious impression in this cruise.

このように、本書を読み終える頃には、
３つの英語のカタチで表現する英語力が身につきます！

CHAPTER 1

10日間で英語がペラペラになる魔法

マコトが英語を話せるようになるまであと9日

1日30分、たった10日間で英語が話せる！

ディナーの後、部屋のベッドにドカッと身を投げ出した。

服を脱ぎ捨てパンツだけになって、シャワーを浴びずに早々に寝ることにした。

ディナーのときに出てきた、シャンパン、ワイン、ビールも飲んでかなり酔っ払った。ゴロリと寝返りを打ち、クルーズ船1日目のにぎやかだったディナーの記憶をもう一度噛みしめた。

エレナは日本人と結婚していた。国際結婚だ。

そうだよね。エレナをまわりが放っておくわけがない。

そのことに関してはなんとか自分を納得させたものの、意外だったのがそのお相手の日本人男性。僕が辞めた職場の先輩に似ている、ごくごく普通の人、カズトさんだった。

たしかに感じは良かった。だけど、あのプリンセスの相手だぞ。普通じゃダメなんじゃないか。ちょっとそこが納得できない。

どんなことで結婚まで至ったのか、年相応のスペックを持った日本人男性がどうやってスウェーデン人のプリンセスと結婚できたのかを根掘り葉掘り聞いてしまった。

3年前、イラストレーターをやっていたエレナは、日本に10日間の旅行に来ていた。そのときカズトさんは夏休みに旅館で住み込みのアルバイトをしていた。

そこで宿泊客のエレナに一目惚（ひとめぼ）れしたカズトさんはアプローチを試みるも、当時のエレナは日本語が話せなかったし、カズトさんは英語が話せない。

「本当に全然話せなかったんですよ」とカズトさんは笑って言った。

　しかも、10日後にはエレナは帰国する。

　どうする？

　ところが、その後カズトさんは英語を話せるようになったのだ！たった10日間、エレナが日本にいる間に！

　　ホントに、たった10日ですか？　正直、信じられないんですが……。
　　もともと英語がある程度できたんじゃないですか？

　とんでもない！　たぶん、今のマコトくんと同じレベルだったと思うよ。
　でも、**あるやり方を知ったら10日で話せたんだ。しかも、バイトをしながらだから1日何時間も勉強したわけじゃない。毎日せいぜい30分くらいかな。**

　　えーっ！　それだけ？
　　だって覚えることとかたくさんあるんでしょう？

　いやいや、**暗記なんて全然いらない。**
　きっと心配してるだろうけど、発音だって関係ない。おまけに単語力もいらないよ。

　　信じられない……。英語って必ず暗記とか発音の練習が必要でしょう⁉　そ、それは魔法ですか？

しっかりした方法だよ。ただ、僕が10日で英語が話せるようになったんだから、**「魔法の英語のコツ」**と言っても差し支えないかもね。

僕は英語が話せたおかげでエレナと知り合って10日で交際することになって、そして結婚できたんだ。英語で人生が変わったといってもいい。僕みたいな凡人が、エレナのような女性と結婚するなんて、普通はできないからね。

そうか！　英語を話せれば、外国人女性の彼女ができるのも夢ではない。海外旅行だってグッと面白くなる。仕事だってきっともっと稼げるに違いない。

誰でも学びたくなる勉強法とは？

実は英語なんて誰でも話せるんだよ。この魔法のコツさえつかめば。

ホントですか？　僕、覚えも良くないし、学校でも英語が苦手だったんですよ。英語力ゼロですけど大丈夫ですか？

平気だよ。実はマコトくんも僕も、みんな英語の勉強をしてきたのにしゃべれないのは、理由があるんだ。

僕たち日本人の英語の学習方法が間違っているんだ。いや、間違っているというか、**日本人には合っていないんだ。**だからいくら勉強してもしゃべれないんだ。

どういうことですか？　確かに、中高大で10年間英語の勉強をしても、まったく身につかなかったからな。

そう、だから日本人にぴったり合った方法じゃないといけない。その魔法のコツを教えるよ。このクルージングの10日間だけでオーケーだ。

ありがとうございます！
なんとなく乗ったクルーズ船だったんで、1つ目標ができて良かったです。僕、苦労しないで英語を話せるようになりたいです。ぜひ、お願いします！

僕はお酒で酔っぱらっていることもあり、勢いよく宣言した。
「マコト！　がんばってね！」
エレナが微笑んで応援してくれた。
その天使のような笑顔を見て、がぜんやる気がマックスになった。
いよいよ明日から9日間、魔法の英語レッスンが始まる。
めまぐるしい1日に心も体もついていくのがやっとだったらしく、船の大きな揺れの中で眠りに落ちていった。

まとめ

- たった10日、1日30分で英語が話せるようになる。
- 日本人が中高大と10年間も英語を勉強して話せなかったのは、その学習方法が合っていないから。

CHAPTER
2

日本人に合った
英語の習得法で学べ

マコトが英語を話せるようになるまであと8日

日本人が英語を話せない本当の理由とは？

そもそも「魔法の英語のコツ」とは、古いテキストだったという。普通の書籍ではなく、どこかの会社が研修用につくったものだ。

カズトさんがエレナさんと出会ったアルバイト先の旅館で見つけたという。

「休憩スペースの本棚に置かれてたんだ。誰かの忘れ物かと思っていたのだけれど、ちょっと読み進めていくうちに、これだったら英語を話せるようになるかもしれないって夢中になってね」

それで本当に話せるようになったのだから、そのテキストがすごいのか、それともカズトさんにもともとセンスがあったのか。

「ただ、誰かの忘れ物を勝手に持ってくるのは心苦しいから、ホラ、こうしてノートに写してきたんだ」

魔法のコツの貴重さが、整然と並んでいる小さな手書き文字から伝わってくる。そもそも、いつもこのノートを携帯しているって、よっぽど大切にしている証拠だ。

今日から始まるレッスンには、「私にも勉強になるから」とエレナも同席してくれることになった。

ラッキー！　エレナとも一緒にいられるなんて！

じゃ、まず昨日話した「英語の学習方法が合っていない」ということを解説するね。

このノートの表を見てみて。アメリカの国務省の外交官

育成機関が公表した言語習得難易度ランクです。「英語を母国語とする人による、各言語の習得に要する時間」も出ているよ。

英語を母国語とする人による、各言語の習得に要する時間

Group 1	オランダ語、フランス語、イタリア語、スペイン語、スワヒリ語、スウェーデン語など。	720 時間
Group 2	ブルガリア語、ヒンズー語、インドネシア語、マレー語、ウルドゥー語、ドイツ語など。	1320 時間
Group 3	フィンランド語、ヘブライ語、ハンガリー語、ラオス語、タイ語、トルコ語、ベトナム語など。	1500 時間
Group 4	日本語、韓国語、中国語、アラビア語	2760 時間

国務省機関FSI（Foreign Service Institute）の資料を基に作成。

英語を母国語とする人が外国語を学ぶのにかかる学習時間の目安だよ。

一番時間が少ないグループ1は720時間、これが何を意味しているかというと、**英語が母国語の人にとって習得するのが簡単な言語**ということなんだ。

なぜ、簡単かというと**英語と近い言語だから**だ。

なるほど。オランダ語、フランス語……そしてスウェーデン語って、同じアルファベットを使っているから近い言語ってことは、なんとなくわかりますね。

そうだよね。一方で我らが日本語はグループ4……**2760時間**もかかる！　日本語は英語からは一番遠い言語のグループだ。これもなんとなくわかるよね。彼らが日本語を使えるようになるのは大変だ。

つまり、これは逆もしかり。**日本語を母国語とする僕たちが英語を学ぶときも、日本語から一番遠い言語を学ぶことになる。**2760時間のイメージはつかめるかな？　1日1時間勉強して9年間もかかるんだ。

　それはもう無理ゲーってことですね……。やっぱり僕にはハードルが高すぎる。
　でも、中高大で10年間英語を勉強してきても話せないから、2760時間でも僕には無理そうです……。

　いやいや、あきらめちゃいけないよ。ここで、大事なことは、**「英語から一番遠い言語の日本人が、英語に近い言語の人たちと同じ学習方法でいいんですか？」という疑問に気づくことだ。**

　日本人の一般的な英語学習法は一言で言うと「単語やフレーズ、英文を暗記する」ことだけど、実はそれらは「英語に近い言語（オランダ語、フランス語、スペイン語、スウェーデン語など）の人たちに合った学習方法」なんだよ。

　つまり、そういう暗記主体の学習法では、遠い言語である日本語話者には、英語はなかなか身につかないということですね。

　その通り！　近い言語同士（オランダ語、フランス語、スペイン語、スウェーデン語など）だと、単語も文法もフレーズも似ている。それだけでなく、ヨーロッパなんかは英語と他の言語が混ざり合っているケースも多いんだ。

　つまり、厳密には違う言語なんだけど**「方言同士」みたいな近しい関係性**と言えなくもないんだ。

　たとえば、僕の出身地の仙台ではこんな方言があるんだ

けど意味がわかるかな？
「お茶でも飲んだれっちゃ〜」

エレナは「ちゃ〜って面白い」とケラケラ笑った。スウェーデン人には
はこの意味がわかるのだろうか？

神奈川県出身の僕でもなんとなく意味がわかります。「お茶でも飲んでいったら？」という意味ですよね。

その通り！　語尾が変わってもしょせん同じ日本語なのでわかるよね。つまり、英語に近い言語同士であれば、多少違うところがあっても理解できちゃうんだ。
そういう場合の学習は「習うより慣れろ」を繰り返していくことで自然と覚えるし、暗記もしやすい。
ところが、日本語は……。

英語と似ても似つかない。自分がふだん使っている日本語から意味を想像するのも難しい。

そうなんだ。一番遠いわけだから、ほとんど新しく覚えることばかり。それをすべて暗記していくのは本当に大変。それこそ無理ゲー。
単語、発音、文法が全然違うわけだから、片っ端から覚えて、片っ端から忘れてしまうわけ。

だからなのか。覚えても、覚えても、忘れてしまって結局いつまでも何もしゃべれないのか……。

そう、つまり英語に近い言語と同じやり方**「習うより慣れろ」で暗記していく方法ではダメ！**

じゃ、どうすればいいんですか？　日本人はどうしたら英語が話せるようになるんですか！　暗記しないやり方なんてあるんですか！

日本人が苦手な英語のカタチは3つある

では、そのやり方を説明する前に、マコトくん、英語をしゃべってもらおうか。

たとえば、「昨日、この船にワクワクしながら乗り込んだ」と言ってみて。

と言われたとたん、頭が真っ白になった。

英語をしゃべる、この瞬間から体も頭も緊張が走る。何なのだろうこのプレッシャーは。

えー、イエスタディ（yesterday）、アイ（I）はディス（this）シップ（ship）に、わくわく……なんだろう……ああ、エクサイティング（exciting）で、乗り込む……えっ？

「乗り込む」はボード（board）だね。あせらずにゆっくり考えてみて。

ああ、そっか。yesterday, I は this ship に exciting で board した……。

僕が英語をしゃべっているのを聞いて、エレナはゲラゲラお腹をかかえて笑った。

マコトくん、実は今しゃべっているのは日本語だよ……。英語の単語を使って日本語をしゃべっているだけ。

21

実はね、**英語は文のカタチが決まっている。それが日本人にとっての最大のつまずきポイントだ。**

英語の文のカタチ……。それは英文法のことですか？だとしたらやっぱり英文法を暗記しなければいけないんですね。

違うんだ。僕が言っている「文のカタチ」と英文法とはアングルが違う。学校で習った英文法って、退屈じゃなかった？　英語が話せない人のほとんどは、英文法を英文を解釈するためのツールくらいにしか考えていなかったと思うんだ。僕があえて「英語のカタチ」としているのは、**英文を解釈するためではなく、つくるためのツールだからだ。だからしゃべることもできるようになるし、リスニングにも活かせるんだ。**

ともあれ、文のカタチが決まっているのが英語。**そのカタチがあって、それを使って話すのがルール。だから今のように一言一句日本語に合う英単語を探してもダメ！**

一方で、日本語はカタチが決まっていない。たとえば「昨日、私は友だちとテニスをしました」と日本語で話す場合に、

「私はテニスをしました友だちと、昨日」でも、

「友だちと昨日、私はテニスをしました」でも、

「テニスを私は友だちとしたんですよ、昨日」でも、

どのカタチ（順番）でも意味は通じるよね。

ところが英語は〈I played tennis...〉という文のカタチに絶対に合わせて話さないと成り立たない。

〈My friend tennis〉とか〈Play tennis〉とか言い始めても通用しないんだ。

それが英語のカタチが決まっているということだよ。

なるほど、その例だと英語と日本語のカタチの違いがわかりやすい！

すると、僕らの話を聞いていたエレナも会話に入ってきた。

　そうそう、私はカタチが決まっていない日本語をしゃべるのが大変でした。

エレナのスウェーデン語は英語と近いグループだ。

　日本語の学校でもちゃんと日本語の並べ方を習って、がんばって覚えたの。でも、実際話してみると、言葉を自由に並べて話しても通じちゃうの。日本語はずるいです！

　でも、エレナはこんなに日本語がうまくなってすごいね。スウェーデン語とは全然違うので、よほど努力したんだね。

　いや、でも時々間違えるし、今でも難しい。はぁ……。文のカタチを乗り越えるのは大変。

　やはりそうか、文のカタチがあるか、ないかってそんなに大きな違いなんだな。考えたこともなかった……。

　ここが日本人のつまずきポイントなんだ。文の構造に自由度がある日本語に慣れているから、厳密な文のカタチがある英語と相容れない。そして何と言っても、**日本人にとって苦手な英語のカタチがあるんだ。**

　そんなことまでわかっているんですか！　いったいどんなカタチなんですか？

それはね、日本語では絶対につくりようがない文のカタチだ。でも安心して。**苦手な文のカタチはたった3つだけ**だから。

3つだけでいいんですか⁉ 逆に心配になってきた。たった3つ覚えればいいって、そんなの学校の英語の先生に言われたことないですよ？

でも、カズトさんの言う通りだったとしたら……3つだけなら、なんかやれそう！ しゃべれる気がしてきた。

カズトさん、教えてください！ その3つのカタチを！

おっと、そうしたいところだけど、そろそろ函館に着く時間じゃないかな。カニ食べに行かなくちゃ！ その3つのカタチは明日からにして、今日はカニを楽しもう！

カズトさんの言葉がきっかけで、僕は自分の空腹感に気づいた。食事を忘れるほど相当集中して聞いていたんだな。

エレナも「カニ！ カニ！ 楽しみ」と立ち上がった。

よし！ 明日いよいよ英語が話せそうな気がしてきた。

まとめ

- これまでの日本人の英語学習法は「習うより慣れろ」という暗記中心の方法。この方法が合っているのは英語と近い言語（オランダ語、フランス語、スペイン語、スウェーデン語など）の人々。

- 英語と日本語は遠い言語。一番の違いは英語は文のカタチが決まっているのに対し、日本語は自由に文章がつくれること。この違いが、日本人の英語力が上達しない理由。

- 日本人に苦手な英語のカタチは3つある。それをクリアできれば日本人でも英語がラクラク話せる。

日本人が苦手なカタチ1
A＝B

マコトが英語を話せるようになるまであと7日

例 〈A＝B〉とsound
「それはワクワクするなあ」を英語にしてみよう。

ステップ1 日本語

伝えたい内容を思い浮かべる。

それはワクワクするなあ。

ステップ2 日英語

伝えたい内容の日本語を英語のカタチ〈A＝B〉に入れる。

人 モノ　　　　　　　　　　　　　　　　特性 キャラ 名前 状態
A ══════════════ B
それ　　　　　　　　　　　　　　　　　　ワクワク

ステップ3 英語

英語のカタチに入れた日本語をそのまま英語にする。

人 モノ　　　　　　　　　　　　　　　　特性 キャラ 名前 状態
A ══════════════ B
それ　　　　　　　　　　　　　　　　　　ワクワク
That　　　　　sound　　　　　very happy

完成形

A ══════════ B
That sounds very happy!

それはワクワクするなあ。

　クルーズ船に乗って今日で3日目の朝。

　昨夜、函館で降りて食べたカニは最高だった。

　ただ残念だったのは、船に戻った後。夕食の席が近かったフランス人の美女2人と僕たちは仲良くなった。ボブカットのほうのルイーズは昔見たフランスのアクション映画の俳優を思い起こさせる顔立ちだった。僕より年下で笑顔が本当にかわいい。

　でも、英語の雑談に僕1人だけ加われなかった。

　外国人女性たちに囲まれて談笑するカズトさんを、僕はうらめしく見ているだけだった。昨日はそんなことが悔しかった。

　次の日の朝、いつものゆったりとしたソファにエレナも合わせて3人で座ってレッスンが始まった。

　そうそう、昨日さ。言語同士では遠いものと近いものがある、と言ったでしょう。英語とスウェーデン語とは方言みたいなものって。

　実際そうなんだ。たとえば自己紹介なんかしてみるとよくわかると思う。

　と言うとスウェーデン語と英語の会話の例を見せながら、エレナが両方を読み上げた。

スウェーデン語	英語
❶ ヘイ！ ヤー ヘーテル タロウ Hej! Jag heter Taro.	① Hey! I am called Taro.
こんにちは！　太郎って呼んでください。	
❷ ヤー コンメル フロン ヤーパン Jag kommer från Japan.	② I came from Japan.
私は日本から来ました。	

③ Jag arbetar på en fabrik. ヤー アルベータル ポー エン ファブリック	③ I work at a factory.
私は工場で働いています。	

④ Min hobby är fotboll. ミン ホビー エ フトボール	④ My hobby is football.
私の趣味はサッカーです。	

す、すごい。文字で見てみると余計に似ていることがわかる。順番は同じだし、単語だって似ている。
「近い言語」というのは、こういうことを言うのか。

近い言語ってまるで方言同士みたいって意味がわかったでしょう。
たとえしゃべれなくても、なんとなく意味がわかるくらいなんだ。だからエレナにとって英語は余裕だね。

まあ、日本語と比べれば英語は余裕です。私たちスウェーデン人はたいてい英語がしゃべれるし。

そして、言語の近い、遠いの決め手になっているのが文のカタチだ。
それでは、いよいよ日本人が苦手な3つの英語のカタチと、それをラクラク乗り越えていく方法を教えるね。
1つ目のカタチは〈A＝B〉だ。

〈A＝B〉？
シンプルそうだけど、学校でこんな文法を習ったかな？

実際に英語の文章をつくったほうがわかりやすいので、やってみよう。

順番としては、次の3つのステップだけだよ。

ステップ1 日本語
伝えたい内容を思い浮かべる。

ステップ2 日英語
伝えたい内容の日本語を英語のカタチ〈A＝B〉に入れる。

ステップ3 英語
英語のカタチに入れた日本語をそのまま英語にする。

たったこれだけですか？　少し拍子抜けしたというか、これなら簡単そうだ。

そうだよ。とってもシンプルなメソッドなんだ。

ではまず **ステップ1** だ。今回はこれを伝えることにするね。

ステップ1 日本語
伝えたい内容を思い浮かべる。

あの先生は怒っているようだ。

次に **ステップ2** だ。

ここがキモになるんだけど、「あの先生は怒っているようだ」という日本語の中から **「AはBのようだ」** という意味を抜き出すんだ。

Aには、「人」とか「モノ」が入るよ。この例文でいうとどれになると思う？

えーと、
Aのところは、「あの先生」ですか？

その通り！　「先生」はまさに「人」に当たる。じゃ、「A
はBのようだ」のBは何だろう？

「AはBのようだ」だから、
Bは「怒っている」……かな？

その通り！　これはAの「人」「モノ」に対して、Aの「特
性」「キャラクター」「名前」「状態」なんかを表す。
だから今マコトくんが言ってくれたようになるんだ。

CHAPTER 3　日本人が苦手なカタチ1　A ∥ B

ステップ2　日英語
伝えたい内容の日本語を 英語のカタチ〈A＝B〉に入れる。

人 モノ		特性 キャラ 名前 状態
A	══════	**B**
あの先生		怒っている

これが日本語を英語のカタチに入れるということなん
だ。英語のカタチに当てはめるというのがルールだよ。

なるほど！
やってみると意外と簡単なルールですね。

そうなんだ。日本語で考えられるからね。グッとハード
ルが下がるだろう？
　それで、この〈A:あの先生＝B:怒っている〉をそのまま
英語にしてしまおう。

はい、「あの先生」は〈that teacher〉で「怒っている」は〈angry〉だから、〈A：that teacher ＝ B：angry〉です。

ステップ3 英語

人 モノ
A ＝＝＝＝＝＝＝＝＝ B
特性 キャラ 名前 状態

あの先生　　　　　　　　　怒っている
that teacher　　　　　　　　angry

おっ！　いいね。　これが ステップ3 の英語だ。ここまでできたら、ほぼ英文は完成。

あとはこの〈＝〉（イコール）はどうするんですか？　まさか、ここを〈equal〉なんて英語にするわけないし……。

そう、それでここがポイントなんだけど〈A：that teacher ＝ B：angry〉とカタチに入れたけど、実は一番大事なところは〈＝〉に当たる「ようだ」だ。

これが日本人には一番苦手なところだといえる。

そもそも「〜のようだ」って英語で何ていうんだろう？　もうこの時点でお手上げになっちゃいます。

実は「ようだ」は「A＝Bのようだ」という意味を表す動詞。つまり動作や状態を表す言葉を入れなくてはいけない。それが英語のルールだ。

ああ、そういう動詞とか、僕は苦手ですね。そういうので英語が嫌いになっちゃったんですよね。

そうだよね。

日本語を話すときに動詞なんて意識しないし、「〜のようだ」って聞いても動作じゃないから動詞って感じがしない。ピンとこないから日本人は苦手なんだ。

「走る」とか「泳ぐ」とかだったらピンとくるけど、「ようだ」って……。

だから、この〈A＝B〉のカタチとセットで使う動詞を下に10語選んでみたよ。この10個の動詞のうち意味が合うものを選んで使えば、たいていの英語はカバーできるよ。

この動詞の中から「A＝Bのようだ」を意味するのを選

「A＝B」とセットで使う動詞10語（＝に入る）

❶	appear	A は外見から判断して B に思える
❷	look	A は外見から判断して B に思える
❸	seem	A は外見から判断して B に思える
❹	sound	A は聞いて判断して B に思える
❺	smell	A は B の匂いがする
❻	taste	A は B の味がする
❼	feel	A は B と感じる
❽	stay	A は B の状態のままである
❾	remain	A は B の状態のままである
❿	become	A は B になる

んで、さっきの〈that teacher ＝ angry〉の〈＝〉に入れたら、「あの先生は怒っているようだ」の英文がつくれる。

えーと、〈look〉を選んで「A ＝ Bのように見える」がいいかな。意味が「A ＝ Bのようだ」と近い気がする。

完成形

A ━━━━━━━━━ B

That teacher looks angry.
あの先生は怒っているようだ。

いいねぇ。

この場合には先生の様子を見ていて「怒っていそうだな」と感じる場合だよね。

ちなみに〈seem〉も〈appear〉も同じ意味「A ＝ Bのように見える」で使えるよね。

あとは〈sound〉もいいかも。

「聞いていてA ＝ Bのようだ」という意味になるから。

完成形

A ━━━━━━━━━ B

That teacher sounds angry.
あの先生は怒っているようだ。

うん、いいねぇ。

たしかに〈sound〉は「A ＝ Bのように聞こえる」だから先生の声の様子から「あの先生は怒っているようだ」と感じているというニュアンスになるね。

そうか、自分で伝えたい内容によって、動詞を選ぶんだ！〈appear〉〈look〉〈seem〉は見た感じで「〜のようだ」で、〈sound〉は聞いた感じで「〜のようだ」って。

そう、そうだよ！
自分で選んで、自分で英文をつくるっていうところがミソ。これは暗記したものを思い出す作業とはまるで違うんだ。

日本語をしゃべるように英語をしゃべるとは？

今まで「えーと……何って言うんだっけ？」って必死で英文とか単語を思い出していたのとは全然違うんですね。いやあ、面白くなってきた！
カズトさん、他に問題ないですか？　どんどんできそう、なんかワクワクしてきました！

あはは、いや、演習問題なんかより、自分の言いたいことをこの〈A＝B〉のカタチと動詞でどんどん英語にしていったほうがいい。
今のいいじゃない。「ワクワクしてきました！」って。それ英語にしてみようよ。〈A＝B〉のカタチで。

ステップ1 日本語

ワクワクしてきました！

えーっ！　〈A＝B〉のカタチで!?
急に頭の動きが止まります。な、何て言うんだ？

落ち着いてみよう、「ワクワクしてきました！」から〈A＝B〉を抜き出そう。

まずは日本語でいいんだ。Aには「人」「物」が入るよ。BはAの「特性」「キャラクター」「名前」「状態」なんかだよ。

そ、そうか。

Aは……と……。ワクワクしているのは、あっ、僕！自分だ！　それでBはワクワクしている「状態」だ！つまり、〈A：僕＝B：ワクワク〉だね。

ステップ2 日英語

$$A ========= B$$
僕　　　　　　　　　　ワクワク

そう。じゃ、この「ワクワクしてきました」が伝わりそうな〈＝〉に入る動詞を探そう（→31ページ参照）。

そうですよね……。あっ、「A＝Bと感じる」だから〈＝〉に入るのは〈feel〉ですか！

パーフェクト！　いいね。〈A：僕＝B：ワクワク〉と〈＝〉を〈feel〉でつくってみよう。

あ、でも「ワクワク」って何だっけ？やっぱり英単語が出てこないです。

思い出そうとしたらダメ。そこも今ある英語の語彙力でつくるんだ。たとえば、「ワクワク」だったら〈very happy〉とかでいいんじゃない？

34

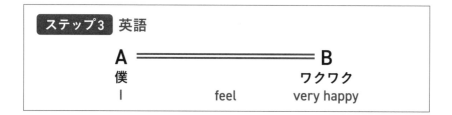

ステップ3 英語

A ════════════ B
僕　　　　　　　ワクワク
I　　　feel　　very happy

完成形

[A]════[B]
I feel **very happy**!
ワクワクしてきました！

そっかー、それだったらわかる！
〈I feel very happy!〉（ワクワクしてきました！）か。このやり方だと英語って簡単なんですね。

おっと、それも〈A＝B〉のカタチで英語にできるよ。「英語って簡単なんですね」も〈A＝B〉のカタチにしてみよう。

ステップ1 日本語

英語って簡単なんですね。

またですか！　あっ、わかった。
日本語だと、〈A：英語＝B：簡単〉だ。

ステップ2 日英語

A ════════════ B
英語　　　　　　　簡単

そして英語にすると、〈A：English ＝ B：easy〉。
〈＝〉にあたる動詞は……〈sound〉にしておこう。

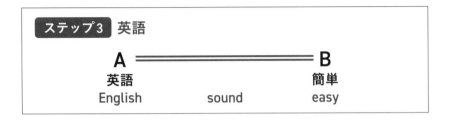

ステップ3 英語

A ══════════ B
英語　　　　　　　　　　簡単
English　　　sound　　　easy

そしてまとめると、こうなるんじゃないでしょうか？

完成形

Ⓐ══════Ⓑ
English sounds easy.
英語って簡単なんですね。

カズトさんは" Very Good!! "とうなずいた。

なんだか、どんどん頭から口から英語が出てくる感じだ。

しかも、英文を思い出しているんじゃなくて、今まさに自分がつくっ
ている、今までにはない感覚だ。

僕は英語のカタチに日本語をどんどん当てはめて、それを英語に変え
ていった。

ちょっとジグソーパズルを当てはめているような感覚だな。

これなら誰でもできる、っていうのはそういうこと。　
これで日本人が苦手な3つのカタチのうち1つ目はクリ
アなんだよ。

これはホント大発見ですね！
みんなに教えてあげたいです！

そうだよね。

こんなに日本人にとってカンタンにわかりやすく英語が
どんどんつくれるようになる方法なんてないよ。

　　でも、この英語はホントにどの外国人にも通じるんです
か？　ちょっと心配です。

もちろんだよ！　世界中で通じる。言ったでしょ。これ
はちゃんと**英語のルールに乗っ取った英語なんだから。こ
れこそが、シンプルでわかりやすくて、通じる英語なんだ
よ。**だから安心して堂々としゃべることが大事。

　さあ、残りの7日間で魔法の英語のコツをマスターしよ
う。

　そうしたら、マコトくんは自分の伝えたいことがなんで
も英語にできる、ペラペラになるよ！

　英語のカタチ、そして〈A＝B〉、セットで使う10語の動詞。生まれ
て初めて、英語は簡単という経験をした。それはまるで、魔法の英語に
かかったような感じがした。

まとめ

- **日本人の苦手なカタチ1〈A＝B〉とセットの動詞は10語**（→31
ページ参照）。

- 〈A＝B〉とセットの動詞で文をつくる手順は以下のとおり。

`ステップ1` **日本語**

　伝えたい内容を思い浮かべる。

`ステップ2` **日英語**

　伝えたい内容の日本語を英語のカタチ〈A＝B〉に入れる。

英語のカタチに入れた日本語をそのまま英語にする。

● **英語のルール**（英語のカタチ）**を踏まえれば、わかりやすく、シンプルな英語が話せる。**

CHAPTER 3　解説動画

英語のカタチ〈A ＝ B〉について、
著者がより詳しく解説した動画を用意しました。
コチラにアクセスしてください。

https://frstp.jp/eigo

日本人が苦手なカタチ2
主語＋動詞＋A＝B

マコトが英語を話せるようになるまであと6日

例 〈主語＋動詞＋A＝B〉とfind
「その公園は広いとわかった」を英語にしてみよう。

ステップ1 日本語

伝えたい内容を思い浮かべる。

その公園は大きいとわかった。

ステップ2 日英語

伝えたい内容の日本語を 英語のカタチ
主語＋動詞＋A＝B に入れる。

人 モノ　特性 キャラ 名前 状態

主語 ＋ 動詞 ＋ A＝＝＝＝＝B
私　　　　　　　その公園　　大きい

ステップ3 英語

英語のカタチに入れた日本語をそのまま英語にする。

人 モノ　特性 キャラ 名前 状態

主語 ＋ 動詞 ＋ A＝＝＝＝B
私　（A=B)とわかる その公園　　大きい
I　　find　　the park　　big

完成形

主語 ＋ 動詞 ＋ A＝＝＝B
I　find　**that park**　big.

その公園は広いとわかった。

なぜ、「英語の発音は無視」でいいのか

昨夜も昨日出会ったフランス人女性2人組とデッキで再会した。

向こうから、「Hi!」と声をかけてくれたものの、舞い上がってしまい、「crab（カニ）！　crab！　crab！……」としか口から出てこなかった。

彼女たちは「えっ？　club（クラブ？）？　何クラブ？」と聞いてきたので、僕の発音はまったく通じていないようだ。

「crab（カニ）！　crab！　crab！……」と両手をチョキにして叫び続けたことで、とうとう通じたようだが、彼女たちに大笑いされてしまった。

「昨日のカニはおいしかったね」と言いたかっただけなのに。

「ああ、緊張しすぎてしゃべれなかった」

僕はコーヒーをひと口飲んで言った。

せっかくのチャンスだったのに、〈crab〉（カニ）を〈club〉（クラブ）と間違えられて……。やっぱり、発音がダメなんですよ。全然通じなくて。

いやいや、英語を文のカタチを踏まえて、文章で話せれば、やっかいな発音問題も軽ーく乗り越えていけるよ。

さっきは英語のカタチ〈A＝B〉でしゃべってみたの？

い、いや……だめでした。ちょっと繰り返し練習します。ただ発音、たとえばLとRの違いとか難しくって……。

いや、もうそんなことに悩む必要はないんだ。今の時代にそもそも発音なんていうのがバカバカしいよ。たとえば、英語人口がいちばん多いのはアメリカだけど、2番目はどの国だと思う？

うーん……。やっぱりイギリスかな。英語発祥の地と呼ばれるくらいだし。

　いやいや、インドだよ。だって14億人も人口がいて、英語が準公用語になってるんだから。一説によれば、インド人の10％が英語を話すんだって（片言レベルを含めればさらに割合が増える）。そもそも世界の英語人口は約15億人、そのうちアメリカ人とかイギリス人、オーストラリア人など、**いわゆるネイティブ（英語を母国語とする人）を合わせても英語人口では25％も行かないんだ。**
　たしかにネイティブの発音が原則として標準とされているけど、全世界で見れば彼らは少数派だ。
　そう考えると、何が本当の「標準の発音」と言うべきか、わからなくなるだろ？

　たしかに……。人口比率からいえば、ネイティブ以外の英語こそ世界標準といえなくもない。

　そうなると英語はますます、単語ではなく文で話すことが大事になってくるんだ。

　どういうことでしょうか？　文で話すことの重要度が増すって。

　もし、文章で話さず単語だけで話をしていたらどうなるのか……。
　よくたとえ話で出てくるけど、海外の日本料理のレストランでお米（ライス）をオーダーするときに〈Rice〉と言ったらお米だけど、〈Lice〉とLで発音したら……。

ああ、シラミ（Lice）だと！　「シラミ食べたいのか！」っていう冗談がありますよね。

　そうそう、でもそれを〈I like to eat rice〉（私は米を食べたい）って文章で言ったらどうだろう。
　たとえ〈Lice〉とLの発音で言っていたとしても、「あなた、シラミを食べたいの？」なんて聞いてくる人いる？

　いませんよね。意地悪や冗談だったらありえるけど、レストランのお客さんにそんなことを言う店員さんはまずいない。

　つまり、**文章で伝えれば、ちゃんと文脈から「お米」と伝わるわけ。**それを、**単語だけで伝えようとすると発音の問題が出てきてしまうんだ。**

　なるほど、文章で伝えることで、発音によって生じる誤解をさせないで、正確に伝えられるってわけですね。

　そう！　世界中で英語を使っている時代には「発音の正確さ」より「伝わる」ことが一番大事。
　そのためには文章で話すこと。それしかない！　だからこの魔法の英語のコツが必要なんだ。

　たしかに、私は今でも日本語の発音やイントネーションは日本人とは違う。

　エレナも言った。たしかに彼女の日本語の発音は外国人だとわかる。

だけど、コミュニケーションはできる。発音が違っても大丈夫。

そうだよ、エレナの日本語はこれで十分なんだ。そもそもスウェーデン人のエレナが僕たち日本人と同じ発音やイントネーションができるようになるなんて不可能だ。必要もないし、まわりも求めない。

だって、そんなことしなくてもコミュニケーションがとれるんだから。

私もカズトも、私の日本語でオーケーなのです。マコト、だからあなたの英語の発音は気にしないで！

ものすごく説得力があった。

たしかに外国人の話す日本語は、それぞれの母国語に近い発音やイントネーションになるのは仕方のないことだ。だって、ずっとその言葉を聞いたり、しゃべってきたのだから。

エレナの日本語が問題ないように、僕の英語の発音も問題ないことが理解できた。

一瞬で英語が口から出てくる魔法　その２

カズトさんはノートを開いて言った。

では、次の英語のカタチ〈主語＋動詞＋A＝B〉をやってみよう。これも手順は同じで3ステップだけだ。〈A＝B〉と比較すると、ステップ2 と ステップ3 の英語のカタチが違うだけ。

ちなみに主語ってわかるよね。文でいうと「何がどうした」の「何が」の部分だ。

はい、わかります。「私が」とか「あなたが」とか……。要するに人とか物の名前ですよね。「日本人は」とか「カニが好きな人は」とかも主語ですね。

それがわかっていれば話が早い。今回はこれを伝えることにするね。まず ステップ1 だ。

ステップ1 **日本語**

伝えたい内容を思い浮かべる。

その公園は大きいとわかった。

次は ステップ2 。今回は〈主語＋動詞＋ A ＝ B〉のカタチだね。まず、このカタチも〈A ＝ B〉に入るところから考えるといい。AとBは何が入るかな？

Aには……「公園」だとするとBには「大きい」ですか？「その公園＝大きい」だ。

ステップ2 日英語

伝えたい内容の日本語を 英語のカタチ
主語＋動詞＋ A ＝ B に入れる。

		人 モノ	特性 キャラ 名前 状態

主語 ＋ 動詞 ＋ A ═══ B
その公園　　　大きい

　その通り！　〈主語＋動詞＋A：その公園＝B：大きい〉だね。

　それじゃ次に主語を考えてみよう。「誰が」「その公園は大きい」とわかったんだろう？

　あれ⁉　でもこの文章だと「その公園は」が主語になりませんか？　「は」とか「が」の助詞がついているのがいわゆる主語って習ったので。

　もちろんそういう解釈もできるよ。でも、「その公園は」を主語にして英文をつくるとなると、〈That park is big〉になって「わかった」主体を反映させづらいんだ。

　これが日本語を英語に置き換えるのが難しいところだよね。だから文意を汲み取って、無理やりでも英語のカタチに入れるのが大切なんだ。では、あらためて聞くよ。

　動詞になる「わかった」の主体は誰だろう？

　それは……自分……
　っていうか、私だ！　〈 I 〉だ！

そう！　主語は〈I〉、つまり〈主語：I＋動詞＋A：その公園＝B：大きい〉だね。
　さぁ、いよいよ動詞を選ぼう。

　おー、待ってました！　ここでも〈主語＋動詞＋A＝B〉のカタチとセットの動詞があるわけですね！

そうなんだ。〈主語＋動詞＋A＝B〉のカタチとセットの動詞は次ページに12語まとめたよ。
「その公園は大きいとわかった」だから「A＝Bだとわかった」を表す動詞を探してみて！

　あった！　「A＝Bだとわかった」という意味の動詞は〈find〉ですね。

うん、あとはどんどん入れていけばわかるね。
ステップ3 に移ってみよう。

　はい。「その公園」は〈that park〉だし、「大きい」は〈big〉。えーっと、この場合の〈A＝B〉の〈＝〉には何も入らないのかな？

ステップ3 英語

英語のカタチに入れた日本語をそのまま英語にする。

人 モノ　特性 キャラ 名前 状態

主語 ＋ 動詞 ＋ A═════B
私　（A=B）とわかる　その公園　　大きい
I　　find　　　that park　　big

うん、いい質問だね。〈I find A ＝ B〉で、もうすでに〈find〉という動詞が入っているでしょう。だから〈＝〉には必要ない。1つの英文には動詞は1つだけ。これもルールなんだ。

「主語＋動詞＋ A ＝ B」とセットで使う動詞 12 語

❶	believe	A ＝ B と信じる
❷	consider	A ＝ B と考える
❸	feel	A ＝ B と感じる
❹	find	A ＝ B とわかる
❺	set	A ＝ B にする
❻	make	A ＝ B にする
❼	turn	A ＝ B に変える
❽	keep	A ＝ B に保つ
❾	leave	A ＝ B にほうっておく
❿	call	A ＝ B と呼ぶ
⓫	name	A ＝ B と名づける
⓬	like	A ＝ B を好む

CHAPTER 4 日本人が苦手なカタチ 2 主語＋動詞＋A ‖ B

だから英語にするとどうなる？

〈I find that park big〉だ！　すごい、どんどんつくれますね！

完成形

主語 + 動詞 + A ═══ B

I　find　that park　big.

その公園は大きいとわかった。

Very good!

この場合「わかった」という過去の意味として表現して
〈I found that park wide〉でもオーケーだよ。
_{過去形}

たしかに、最初の〈A＝B〉と〈sound〉の文とやることは一緒ですね。カタチに入れるっていうのは。

そう！　でも実はこの文のカタチは日本人にとってなかなか高度な文章なんだ。自然には絶対思い浮かばない。

でも、こうやって〈find〉と〈主語＋動詞＋A＝B〉のカタチを使えばスラスラできてしまうよ。

「主語＋find＋A＝B」は

「主語はA＝Bであるとわかる」以外にも、

「主語はA＝Bであると気づく」

「主語はA＝Bであると知る」

という意味でも使えるよ。

じゃ、もうちょっとやってみようか。このカタチはなかなか高度だからね。〈A＝B〉のときより複雑だ。

ちなみに〈主語＋動詞＋A...〉くらいまではなんとか一

気に言えるけど、〈＝B〉が思いつかなくて考えてしまうときには〈主語＋動詞＋A＝(to be) B〉と〈to be〉を入れるといい。

つまり、〈I find that park to be big〉ってね。

完成形

主語 ＋ 動詞 ＋ 　Ａ══════Ｂ
I　find　that park　to be　big.
その公園は大きいとわかった。

〈I find that park to be...〉って、引っ張りながら、言っている間にBに何を入れるか考えればいいよ。時間稼ぎだ。

 なるほど、わかりました。裏技みたいですね。文の最初のほうをしゃべっている間に後ろを考える……。たしかに、日本語のときもやっている気がする。

そうでしょう。では、もう少し練習してみよう！
ステップ1 はこれで行こうか。

ステップ1 **日本語**
私は子どもたちを静かにさせておいた。

 えーと、まず〈主語＋動詞＋A＝B〉で〈A＝B〉から考えるんですよね……。だとすると、〈A：子ども＝B：静かにする〉とかかな。

ステップ2 日英語

主語 ＋ 動詞 ＋ A ══════ B
私　　　　　　　　　 子ども　　静かにする

いいね。「私」をAに入れると複雑すぎる英文になってしまうんだ。だからAを「子ども」にしたのはセンスがあるね。

ありがとうございます。

ここから、動詞を何にするかが大事だな（→47ページ参照）。「A＝Bの状態にさせる」か……。おっと、「A＝Bの状態を保つ」〈keep〉なんていう動詞もあるぞ。〈A：子ども＝B：静かな状態に保つ〉にすると、「私は子どもたちを静かにさせておいた」だからな。よし、これにしよう。〈keep〉にします！

ステップ2 日英語

主語 ＋ 動詞 ＋ A ══════ B
私　　 A＝Bに保つ　子ども　　静かにする
I　　　　 keep

いいチョイスだね。次は ステップ3 になるから英文にしてみよう！　ここまでくれば完成したも同然だよね。

〈主語：I＋動詞：keep ＋ A：children（子どもたち）＝ B：quiet（静かな）〉か。

ステップ3 英語

主語 ＋ 動詞 ＋ A ━━━ B
私 　　A＝Bに保つ　 子ども　　 静かにする
I 　　keep　　 the children　　 quiet

完成形

主語 ＋ 動詞 ＋ 　A ━━━ B

I　kept　the children　quiet.

私は子どもたちを静かにさせておいた。

おお、ポイントをつかんできたね。

 そっか、キープってよく使いますよね。キープするって、それがここでは「A＝Bの状態を保つ」か。初めてこんなふうに使いました。

いや、こんなふうに「A＝Bの状態を保つ」で〈keep〉を使うのってみんな初めてだと思うよ。だってもともと日本人には苦手なカタチだから。それを使いやすくしたのが〈主語＋動詞＋A＝B〉だから。

 ほんと！　このカタチに入れていくって考えると簡単だし、面白くなってくるよね。

そう。あとね、**英語の会話で自分がしゃべれる英語のカタチで話をしていくと、相手も同じカタチを利用してしゃべってくるようになるということがよくある。**
だから、まず自分からカタチを意識して話すことがすごーく重要なんだ。

まとめ

- 世界の英語人口のうちノンネイティブ（英語を母国語としない人）は7割以上。だから、英語の発音はそれぞれの言語のなまりがあって当たり前。「英文」でしゃべれば、文脈から意味が通じて英語の発音の問題は越えられる。
- 日本人に苦手なカタチ2〈主語＋動詞＋A＝B〉とセットの動詞は12語（→47ページ参照）。
- 〈主語＋動詞＋A＝B〉とセットの動詞で文をつくる手順は以下のとおり。

ステップ1 日本語

伝えたい内容を思い浮かべる。

ステップ2 日英語

伝えたい内容の日本語を 英語のカタチ〈主語＋動詞＋A＝B〉に入れる。

ステップ3 英語

英語のカタチに入れた日本語をそのまま英語にする。

CHAPTER 4 解説動画

英語のカタチ〈主語＋動詞＋A＝B〉について、著者がより詳しく解説した動画を用意しました。コチラにアクセスしてください。

https://frstp.jp/eigo

日本人が苦手なカタチ3
主語＋動詞＋人＋物

マコトが英語を話せるようになるまであと5日

例 〈主語＋動詞＋人＋物〉とoffer
「その店員は安い値段を出してきた」を英語にしてみよう。

ステップ1 日本語

伝えたい内容を思い浮かべる。

その店員は安い値段を出してきた。

ステップ2 日英語

伝えたい内容の日本語を 英語のカタチ
主語＋動詞＋人＋物に入れる。

主語 ＋ 動詞 ＋ 人 ＋ 物
その店員　　　　　　私　　安い値段

ステップ3 英語

英語のカタチに入れた日本語をそのまま英語にする。

主語 ＋ 動詞 ＋ 人 ＋ 物
その店員　　　　　　私　　安い値段
That staff　offer　me　a low price

完成形

主語 ＋ 動詞 ＋ 人 ＋ 物
That staff offered me a low price.
その店員は安い値段を出してきた。

「日本語に慣れていないときには苦労しました……」

　日本語がペラペラの今は考えられないが、エレナはため息をつきながらそう言った。

「やっぱりカタチが全然違うんですよ。私はいちいちこんな順番で日本で話してしまってよく笑われたり、意味が通じないことも多かった。ただ、わりと通じることが多かったから、やっぱり日本語は少しずるいな」

母国語の文のカタチに影響を受けていたころの、エレナの日本語

> **私、買います、このお弁当。**
> **私、欲しいです、このショートケーキ。**

　すると、カズトさんは言った。

「つまり、それは僕ら日本人が『アイは　ディスランチをね、バイします』とか言ってしまうのと、理屈は同じ。だって、誰でも自分の言葉、母国語の影響を受けているからね」

　今ではこんなに日本語がうまいエレナも、文のカタチの影響を受けているなんて驚くね。

　そうね、私もずっと日本語をしゃべっていて、自然に日本語が出てくるまで3年くらいはかかったからね。

　だから、どんなに英語がうまい日本人も日本語で考えて、それを英語に訳してしゃべっているんだ。

　それに慣れるのには相当な訓練が必要。普通のやり方ならね。

でも、この魔法の英語のコツなら、効率良くできる！事実、5日前が信じられないくらい、自分の英語力が上がっていることを実感しているし。

その通り、じゃ、いよいよ最後のカタチ〈主語＋動詞＋人＋物〉のカタチへいってみよう。

何だかあっという間に最後ですね。1つのカタチを学ぶのに2、3日はかかると思ってたのに。

そうだよね。実は英語の文をつくる仕組みはシンプル、簡単。英語の文をどんどんつくって、とにかくどんどんコミュニケーションしていこう。英語を話せると本当に人生楽しくなるよ！

　そうだよな。カズトさんは英語を話せるようになったおかげでエレナと結婚までできたんだから。
　僕はフッとルイーズの顔を思い浮かべた。
　その妄想は、ワクワクでしかない！
「はい！　よーし最後のカタチやるぞぉー！」
　と叫ぶと、僕らの前にいた外国人夫婦が大きな声にびっくりしたようで振り返った。
"Oh! sorry! Have a nice day!"（おっと、スミマセン。良い1日を！）
　と余裕をかます僕。こんな英語も慣れてきたもの。

では、最後の〈主語＋動詞＋人＋物〉だけど、次の英語は○、それとも×？
　伝えたいことは「そのチョコレートをください」だ。

この英文は正しい？　それとも間違ってる？

Please give that chocolate.
そのチョコレートをください。

　　Pleaseは「〜してください」という意味ですよね。うーん、当たっていそう。○かな……。

　だよね。日本人の感覚であれば○となるけど……残念ながら×なんだ。
　これは英語のルールとしか言いようがないんだけど……「私に」に当たる「me」を入れなければならないんだ。

✕ Please give that chocolate.

○ Please give me that chocolate.
そのチョコレートを（私に）ください。

　それが〈主語＋動詞＋人＋物〉のカタチだ。
　日本人からしたら、「そのチョコレートをください」と言っているのは「私」だから、受け取るのは自分に決まっていると思うよね。だから、普通〈me：私に〉を入れない。つまり、〈主語＋動詞＋物〉だね。このカタチは日本人には自然に感じる、なぜなら日本語に近い文のカタチだから。

　　ああ、そうですね。
　〈I have a pen〉（私は＋持っている＋ペンを）
　〈I eat an apple〉（私は＋食べている＋りんごを）
　とか、日本語の順番とそう変わらないなあ。

そう、でも今回の〈主語＋動詞＋人＋物〉は、日本人には馴染みがないからとくに苦手なカタチなんだ。

ただ、気をつけるポイントは、「主語＋動詞＋人＋物」の「**人**」を忘れないということだけ。簡単でしょう。

ステップは、このカタチに当てはめる以外は、これまでと同じだ。

ステップ1 日本語

伝えたい内容を思い浮かべる。

ステップ2 日英語

伝えたい内容の日本語を 英語のカタチ〈主語＋動詞＋人＋物〉に入れる。

ステップ3 英語

英語のカタチに入れた日本語をそのまま英語にする。

このカタチも、**ステップ2** 以外は他のカタチと同じなんですね。

きっとこの〈主語＋動詞＋人＋物〉のカタチにもセットで使われる動詞があるんですよね？

当たり！　さすがにわかってきたね。今回の動詞は少し多めにピックアップしたよ。次のページの**19語**だ。

じゃ、やってみようか。

ちょっとひねりのきいた文だよ。

ステップ1 日本語

伝えたい内容を思い浮かべる。

グッドニュースがありますよ。

「主語＋動詞＋人＋物」とセットで使う動詞 19 語

❶	bring	（人）に（物）を持ってくる
❷	give	（人）に（物）を与える
❸	hand	（人）に（物）を手渡す
❹	lend	（人）に（物）を貸す
❺	offer	（人）に（物）を申し出る
❻	pass	（人）に（物）を渡す
❼	pay	（人）に（物）を支払う
❽	send	（人）に（物）を送る
❾	show	（人）に（物）を見せる
❿	teach	（人）に（物）を教える
⓫	tell	（人）に（物）を言う
⓬	write	（人）に（物）を書く
⓭	buy	（人）に（物）を買ってあげる
⓮	cook	（人）に（物）を料理してあげる
⓯	find	（人）に（物）を見つけてあげる
⓰	get	（人）に（物）を手に入れてあげる
⓱	make	（人）に（物）をつくってあげる
⓲	play	（人）に（物）を演奏してあげる
⓳	ask	（人）に（物）をたずねる

まず「主語＋動詞＋人＋物」のカタチに入れてみよう。

 「物」は「グッドニュース」でしょ。

それを言っているのは自分だから「主語」は「私」だ。

「人」は「あなた」ですよね。つまりこうなりますよね。

ステップ2 日英語

伝えたい内容の日本語を英語のカタチ
主語＋動詞＋人＋物 に入れる。

主語 ＋ 動詞 ＋ 人 ＋ 物
私　　　　　　　　　あなた　グッドニュース

そして動詞には何が入るのかな。さっきの動詞一覧によ
れば……「（人）に（物）を与える」の〈give〉だ。
ステップ3 はこれでどうでしょうか？

ステップ3 英語

英語のカタチに入れた日本語をそのまま英語にする。

主語 ＋ 動詞 ＋ 人 ＋ 物
私　　　　与える　　あなた　グッドニュース
I　　　　　give　　　you　　good news

おお！　いいねぇ。「これから与える」だから未来形の
willをつけよう。

本当にこのカタチに入れて英語ってできるもんだね。
しかも今までだったら、全然思いつかない英文だよ！

そうなんだ。日本人には全然思いつかない英文だ。
なぜなら、日本語にはない英語のカタチだから思いつきようがない。それが日本人にとって最大の英語の壁だった。
それは発音でも、単語でもない。英語のカタチなんだ。

ほんと、そうだったんですね。このカタチの壁を越えられないから日本人は英語を話せなかった……。

そう、でもクリアするべきはたった3つのカタチだけだ。
そして、マコトくんは今その3つ目をクリアしたよ。

いやあ、なんだか簡単すぎて拍子抜けです。たったこれだけですか？

そうだよ、たったこれだけ。3つのカタチこそ最大の壁だったんだから、あと残りの5日でより自由に英語がしゃべれるようなコツを追加していく。だけど山場はこの3つのカタチだから、あとは余裕だよ。

そうですか。楽しみだな。何度も〈日本語→日英語→英語〉を繰り返しするうちにコツをつかんできたし！

うん。ちなみになんだけど、「グッドニュースがありますよ」で使える動詞は〈give〉（人に物を与える）以外にも使える動詞ありそうじゃない？（→58ページ参照）

そうですね……。〈show〉（人に物を見せる）で「私は＋見せる＋あなたに＋グッドニュース」をとか？

これも行けそう！　〈bring〉（人に物を持ってくる）で「グッドニュースを持ってくる」とか？

なんだか、この動詞の一覧を見ていると、アイデアがわいてくる。楽しくなってくる！

こんなふうに答えは1つじゃない。

英語のカタチのルールに従って、意味やニュアンスが伝わればいいんだ。これがこの魔法の英語のコツだ。

そうですね。本当に暗記じゃないんだ。自分でつくってるって感じがします。

そうなんだよ。

じゃあ、〈主語＋動詞＋人＋物〉で他の例文もいってみようか。

ステップ1 日本語

その店員は安い値段を出してきた。

うーん……。動詞以外は簡単だ。

これで合ってますよね？

ステップ2 日英語

主語 ＋ 動詞 ＋ 人 ＋ 物
その店員　　　　　　　私　　安い値段

あと動詞ですよね……。
〈give ＋私に＋安い値段〉でも良さそうだし……あとは「出してきた」だから、〈offer ＋私に＋安い値段〉でもいいなぁ。これにしよう。いいですか？

ステップ3 英語

主語 ＋ 動詞 ＋ 人 ＋ 物
その店員　　　　　　　私　　安い値段
That staff　　offer　　me　　a low price

いいよ、好きなので。意味が通じればいいんだから。

ありがとうございます！　では、完成形はこちらになります。「出してきた」だから動詞は過去形ですね。

完成形

主語 ＋ 動詞 ＋ 人 ＋ 物
That staff offered me a low price.
その店員は安い値段を出してきた。

いいね！　さっき言っていたように〈give〉を使っても
OKだよ。

完成形

主語 ＋ 動詞 ＋ 人 ＋ 物

That staff gave me a low price.

その店員は安い値段を出してきた。

そうか。こうやって英語をつくっていくんだ。
英語のカタチを頭に入れたら、あとは動詞を選ぶだけだ。
こうして自由自在に英文ができていく。

名詞がなければ名詞をつくれ

じゃ、ラストいってみようか。
これはどう？

ステップ1 日本語

彼の話は面白かった。

なんか……〈A＝B〉でできそうだな。
〈A：彼の話＝B：面白かった〉って。

そうだね、でもこれは練習なのであえて〈主語＋動詞＋
人＋物〉でいってみようか。

はい、主語からいこうかな。
〈主語：彼の話＋動詞：give〉にしよう！
人は……自分、私だ、〈I〉だ。

主語 ＋ 動詞 ＋ 人 ＋ 物
彼の話 　与える 　　　私
　　　　　give

　物は何だろう……？
「物」がわからない。「面白かった」は物や事じゃないか
らな。

　そう、ここの「物」のところは「物や事」、つまり「名詞」
を入れるのがルールだ。「面白かった」は名詞じゃない。
そんなときには名詞にしてしまうんだ。

　どうやって名詞にするんですか？　「名詞にする」の意
味がよくわからないんですが……。

　簡単だよ。そんなときには**「面白い」を「面白いこと」**
に変えてしまえばいい。これでどう？

ステップ2 日英語

主語 ＋ 動詞 ＋ 人 ＋ 物
彼の話 　　　　　　私 　面白いこと
　　　　　give

　おお！　そういうことですね。
　そして英語にすると、こうなるわけだ。

ステップ3 英語

主語 ＋ 動詞 ＋ 人 ＋ 物

彼の話		私	面白いこと
His story	give	me	

あれ⁉ また、わからなくなってきた。
「面白いこと」って英語で何て言うんだろう？

「面白いこと」を示す単語1つを探しても出てこないよ。
まず、「面白い」とか「興味深い」を英語で言うと何かを
考えてみて。

「面白い」や「興味深い」は〈interesting〉です。これは
いいとして「こと」は……〈thing〉とか？

うん、それでもいいし、もっと明確にするために「面白
い情報」にしたらどうかな？

情報？〈information〉か。
だから〈interesting information〉だ。いいですね！

ステップ3 英語

主語 ＋ 動詞 ＋ 人 ＋ 物

彼の話		私	面白いこと
His story	give	me	interesting information

すばらしい！〈interesting information〉（面白い情報）でもいいし、〈interesting impression〉（面白い印象）でもいいよね。

ルールは、「物」は名詞であること。

「名詞にする」というのは、そういうことなんですね！完成形はこうかな？「彼の話は面白いことを私に与えた」、つまり「彼の話は面白かった」という意味ですね。

完成形

| 主語 | +動詞 | +人 | +物 |

His story gave me interesting information.
彼の話は面白かった。

〈A＝B〉のカタチの〈A：彼の話＝B：面白かった〉はすぐできるけど、〈主語＋動詞＋人＋物〉もちょっと考えればできる。

これでどんどんワンパータンの英文から脱皮できるよ。

たしかに、これまででは考えられないようなカタチで、いろいろなパターンができるようになってきた。

ワンパターンからの脱皮っていうのは、つまり自由自在に英文をつくるってことだよ。それは自由に英語がしゃべれるってこと。

僕はカズトさんの言葉に大きくうなずいた。そして今習った文のカタチでぱっと思いついた英文を伝えたくなった。

ああ、そうだカズトさん！

You gave me such a great lesson. So I will buy you a dinner.（こんなに素晴らしい英語のレッスンをしてくれたんだから、今晩はごちそうするよ）

まとめ

- 日本人に苦手なカタチ3〈主語＋動詞＋人＋物〉とセットの動詞は19語（→58ページ参照）。
- 特にこのカタチの注意点は「人」を忘れずに入れること。
- 〈主語＋動詞＋人＋物〉とセットの動詞で文をつくる手順は以下のとおり。

ステップ1 日本語

伝えたい内容を思い浮かべる。

ステップ2 日英語

伝えたい内容の日本語を 英語のカタチ〈主語＋動詞＋人＋物〉に入れる。

ステップ3 英語

英語のカタチに入れた日本語をそのまま英語にする。

CHAPTER 5　解説動画

英語のカタチ〈主語＋動詞＋人＋物〉について、
著者がより詳しく解説した動画を用意しました。
コチラにアクセスしてください。

https://frstp.jp/eigo

前置詞は at と with のみで OK！
積み残し情報の入れ方

マコトが英語を話せるようになるまであと4日

英語って、そこまで簡単になっちゃうの？

　5日目にして3つの英語のカタチを覚えられたことがうれしくて、昨日は奮発してカズトさんとエレナにごちそうした。

「昨日はおいしいお寿司をありがとう。でも高かったんじゃない？」

　カズトさんとエレナは喜んでくれたものの、少し申し訳なさそうにしていた。

「誘ってくれたときに〈 I will buy you a dinner 〉って言ったよね。そのときに〈at sushi bar〉と続けてくれたら、『もっと安いお店でいいよ』って遠慮してたんだけどな」

　リーズナブルな料理だと思って僕の厚意を受け入れてくれたらしいが、お寿司だったことに、逆に変な気をつかわせてしまったようだ。

　でも、昨日のごちそうの件は、ある意味ちょうどいいタイミングかもしれない。今日のテーマである**「積み残し情報」**の大切さを伝えるには。
　これを使えるようになると、より英語を自由に話せるようになるんだ。

　積み残し情報？　何ですか、それ？

　うん、これを知っておくと超便利。一言でいえば、さっきの〈at sushi bar〉がそれに当たるね。

まずは例題からやってみよう。たとえば、次の内容は〈A＝B〉と〈sound〉でつくるとどうなる？

> **ステップ1** 日本語
>
> ### 彼はこの会社では有名らしいよ。

えーと、まず、日本語を〈A＝B〉のカタチで整理すると……Aが彼で、Bが有名だ。で、＝が「らしいよ」で〈sound〉を使うんですよね？

> **ステップ2** 日英語
>
> A ＝＝＝＝＝＝＝＝＝＝＝＝＝＝＝＝＝＝ B
> 彼 　　　　　　　　　　　　　　　 有名

え、でも、待てよ……「この会社では」がA＝Bのカタチに収まらない！

> **ステップ3** 英語
>
> A ＝＝＝＝＝＝＝＝ B 　　　「この会社では」
> 彼 　　　　　　 有名 　　　が収まらない!?
> He 　 sound 　 famous

そう！　こんなふうにちょっと複雑で〈A＝B〉に収まらない英文がある。そんな〈A＝B〉の文のカタチに積み込めない情報を「積み残し情報」というんだ。

そして英文には次の2種類があるんだよ。

❶「英語のカタチ」〈A＝B〉〈主語＋動詞＋A＝B〉〈主語＋動詞＋人＋物〉だけの英文。

❷「英語のカタチ＋積み残し情報」の英文。

なんだか、ややこしいなあ……。

そうだね……。たとえてみるとこのトラックに乗りきる場合には英語のカタチだけでいいんだけど、ここに乗り切らないのはこんなふうに、荷台だけくっつけて乗せてしまう。これが積み残し情報ってことかな。

どう？　わかる？

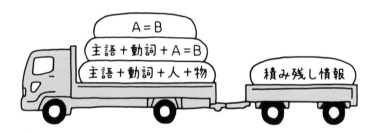

ああ、わかってきました。カタチに乗り切らない。だから積み残しか……。そうするとここでは「この会社では」が積み残しですね。

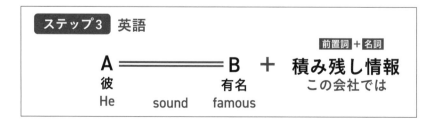

ステップ3 英語

前置詞 ＋ 名詞

A ＝＝＝＝＝＝ B ＋ 積み残し情報

彼　　　　　　有名　　　　　この会社では

He　　sound　famous

そう、この**積み残し情報はいつも〈前置詞＋名詞〉にするのが英語のルールだ。**じゃあ、「この会社」は英語では何て言う？

それは……〈this company〉ですか？

その通り！ 「この会社」が〈名詞〉の部分だ。
あとは残りの「で・は・」はどうしたらいいのか。ここで積み残し情報ルールになるんだ。
英語で「では」に当たる言葉を前置詞と言って〈on〉〈in〉〈at〉〈with〉〈for〉〈by〉……とか使ったことあるよね。

あります！ ややこしいんですよね。前置詞って、どれを使うかいつも迷う……。

わかるよ。前置詞はすごく難しい。だから、積み残し情報ルールでは**前置詞で迷ったら〈at〉か〈with〉を使う。**

えっ！ そんなのでいいんですか？ 迷ったら〈at〉か〈with〉って⁉

いいんだよ！ この魔法のコツでは。ここには〈on〉？〈in〉？ 〈for〉？ 〈by〉？ などと迷って、うーん……と沈黙しているより、〈at〉か〈with〉で、そして〈A＝B〉のカタチでどんどん話すほうが、通じることになる。
もちろん、後ろにくる名詞によって〈on〉〈in〉〈for〉〈by〉など、どれかわかっている場合には、一番ふさわしいと思うものを使っていいよ。
ただし、**〈at〉か〈with〉でかなりカバーできるし、また伝わる！**

迷ったら〈at〉か〈with〉ってかなり心強いですね。〈in〉とか〈about〉なんかは、わりと使うときがわかりやすいですけど、それ以外だと選択肢が多すぎて絶対迷いますもん。

　そうだよね、では、
「彼はこの会社では有名らしいよ」
を〈A＝B＋積み残し情報〉で言ってみよう。

　　はい！
〈A：彼〉〈＝：sound〉〈B：有名〉で、積み残し情報は〈at this company〉にしよう。

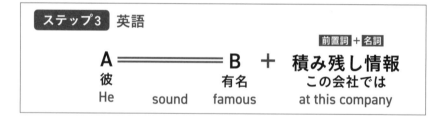

　そして、完成形はこれでどうでしょうか？

完成形

| A | B | + | 積み残し情報 |

He sounds famous at this company.

彼はこの会社では有名らしいよ。

　いいねぇ。
整理すると、英語の文をつくるときの流れはこうなるよ。

❶ 英語のカタチを以下から1つ選ぶ。
　　・A＝B
　　・主語＋動詞＋A＝B
　　・主語＋動詞＋人＋物

❷ カタチに乗らない積み残し情報として処理する。

前置詞 ＋ 名詞
英語のカタチ＋積み残し情報

　　なるほど、英語にはルールがあるっていうのはこのことなんだ。
　　英語には全部こうやって言葉を入れるべき箱があって、そこに入れていくんだ。
　　本当にすべての英語はこうやって、カタチと積み残し情報で収めていけるんですか。

そうだよ、だってそれが英語のルールだから。むしろ、英語はすべてカタチと積み残し情報で収めないとダメなんだ。

　　なるほど。この英語のルールに従わないと英語にならないってことか。

そうだよ。じゃ、カタチと積み残し情報に慣れていこうか。これなんかどうだろう。

ステップ1 日本語
その会議での彼女の説明は素晴らしかった。

〈A＝B〉の英語のカタチを使うと、Aが「彼女の説明」で、Bが「素晴らしい」かな。そして、ここでは積み残し情報が「その会議での」になる。

ステップ2 日英語

A ══════ B ＋ 積み残し情報
彼女の説明　　素晴らしい　　その会議での

そうだね。動詞は？

素晴らし「かった」か……。ここはBe動詞を使おうかな。前置詞は〈at〉でいいかな。

だから積み残し情報も含めて英語のカタチに入れるとこうなります。

ステップ3 英語

A ══════ B ＋ 積み残し情報
彼女の説明　　　　素晴らしい　　　　その会議での
Her explanation　was　　great　　　at that meeting

つまり全部を続けると、こうなりますね。積み残し情報のカンがつかめてきました。これなら前置詞に迷わないのでスラスラ言えそうです。

完成形

A ══════ B ＋ 積み残し情報

Her explanation was great at that meeting.
その会議での彼女の説明は素晴らしかった。

外国人が嫌いな日本人との英語コミュニケーション

そう！　迷わずスラスラが大事。外国人が日本人と英語で話をしていて一番ストレスなのが、「沈黙」だよ。このアンケート結果を見て。

外国人がイヤだと感じる日本人の英語コミュニケーション

第5位	最後まで文章を言わない。
第4位	時制がわかりづらい。
第3位	声が小さい。
第2位	英文の途中で言い直しを何度もする。
第1位	**「沈黙」が多い。**

これ見てわかるよね。とにかく会話の途中で黙るのは外国人にとって不安なんだ。
「この人わかっているのか」「この人不機嫌なのか」なんて心配になってきてしまうから。
〈Silence is very uncomfortable〉
沈黙は不快なんだ。それに比べたら少々前置詞がちがっていても意味は通じるからね。そもそもこのアンケートの上位20位の中に「日本人が、前置詞が間違っているのがイヤ」なんていうのはなかった。

はぁ〜、そうか……。なんであんなに前置詞を覚えさせられたんだろう……。

はは、みんなそうだよ。前置詞の問題って○×で選べるから試験問題に出しやすいもんな！

そ、そうか……。それで当たってる、当たってないとか
やっていたんだ……。

もちろん、覚える場合には正しく覚えたほうがいいよ。
一度はね。でも実際の会話では前置詞に迷うくらいだった
ら、サッサとしゃべれ！　だ。沈黙して、相手を不安にす
るくらいならそのほうがいい。
　そのとき前置詞で迷ったら〈at〉か〈with〉！

なんということだろう……。僕は学生のとき、何をやってきたんだろ
う……。何度も繰り返し暗記をしている英語の試験勉強をしている姿が
よみがえってきた。

いやいや、マコトくんが勉強してきたことはムダじゃな
い。この英語学習法ならその知識がすべて役立つよ。だけ
ど英語を話すための優先順位を考えたほうがいいんだ。
　それは前置詞でも発音でも、単語でもない。英語のカタ
チだ。それが英語を話すときに一番優先すべきことだ。

　なんかこの積み残し情報で、一気に英語を話す階段を駆
け上がった感じです。

はは、そうだよね。僕は言ったよね。英語を話すなんて
簡単だって。
　あと、この英語のカタチと積み残し情報をやっていると
文章がどんどん短くなっていっているのがわかるよね。
　1つの文章には1つの事柄だけ。
　**日本語のように「〜で〜だから〜して、……」とあれも
これも加えていっちゃダメ！**
　この日本語の習慣は捨て去らないと。これができるよう

になると、話の整理ができるようになって日本語も簡潔に
わかりやすくなると思うよ。

> ## ま と め
>
> ● 英語のカタチに収まらない情報は「積み残し情報」。
> ● 積み残し情報は〈前置詞＋名詞〉で処理するのが英語のルール。
> ● 前置詞で迷ったら〈at〉か〈with〉にすればOK。
> ● 英語の会話での沈黙はNG！　相手が不安になる。
> ● 英文は簡潔に。1つの文章には1つの事柄だけを入れる。

今ある単語力だけで、
会話を成り立たせる方法

マコトが英語を話せるようになるまであと3日

単語力はいらないって本当ですか？

だいぶ英文をつくることに慣れてきた僕は、フランス人のルイーズと
ちょっとした会話ができるようになってきた。

Hello, Louise. It's a beautiful day, isn't it?

（やぁ、ルイーズ。いい天気だね）

Hey, Makoto. How are you?

（あら、マコト。元気？）

Yesterday, Kagoshima looked fun. Did you find Sakurajima
(to be) great?

（昨日の鹿児島は楽しかったね。桜島はすごかったね）

I've never seen the mountain erupt before. It appeared
amazing.

（山が噴火しているのは初めて見たわ。すごかったわね）

It may give you unforgettable memories of Japan.

（忘れられない日本の思い出ができたようだね）

なんだかフランス人とクルーズ船の上で英語で話す僕。
まるで夢のようだ……たった8日前にはまったく予想できなかった。

"See you later!"（また後で！）

　僕とルイーズは手を振って別れた。
「いい感じじゃん」
　振り返るとカズトさんだった。ずっと僕らの様子を見ていたようだ。
「……えっ、あの、まぁ、だいぶしゃべれるようにはなりましたよ……」
　僕は照れ隠しもあって、どもりながら返事をした。

　マコトくん、いよいよこの魔法の英語のコツも終盤だ。もうほとんど終わりと言ってもいい。

　そうなんですか、いや本当にすごい魔法ですよね。たった7日間の出来事とは思えない。

　そうだよね、でも僕だってエレナと英語でしゃべれるようになるために10日でマスターしたんだから本物だよ。

　そうですね……ただ、ちょっと簡単すぎて拍子抜けしちゃうくらいで、これで本当に終わりでいいのかな、とも思うんです。文をつくることで発音の問題はなくなるのはわかりました。
　でも、単語はどうですか？　ボキャブラリーは？　やっぱり必要だと思うんです。

　まぁ、もちろん語彙はあるにこしたことはない。でも僕らは**中学卒業までに1600〜1800の単語を学んでいるんだ。英語を話すには本当にそれで十分なんだ。**
　あとは自分の仕事に合わせて、IT関連ならITの用語を覚

えればいいし、医師なら医療関係の用語を覚えればいい。

　まず、英語の基本、英語のカタチと動詞のセットをマスターできてから単語を増やしていけばいい。単語を覚えてから英語をしゃべろうとする考え方そのものが間違ってるんだ。

　そうなんですか。僕は本当に単語力に自信がないんですけど。

自分の持っている語彙力だけで表現できる！

じゃ、単語力に自信がなくても、しゃべれるっていうことを証明してみようか。こんなのどうだろう。

ステップ1　日本語

紅茶には何も入れないほうがいい。

　よし、〈主語＋動詞＋Ａ＝Ｂ〉でいこう。ここまでやってきて、カタチはサッと決められるようになった。

　答えを探すのではなく「これでつくろう！」と決めるだけだから速い。

　はい、まず〈主語＋動詞＋Ａ：紅茶＝Ｂ：何も入れない〉か。
　そして、「いい」と思っているのは自分だから、主語にあたるのが「私」だね。だいぶサクサク入れられるようになってきた。日本語だから簡単だ。
　そして肝心の「Ａ＝Ｂの状態がいい」という意味の動詞か……。「Ａ＝Ｂを好む」ということで〈like〉がいいかも。意味としては「Ａ＝Ｂの状態がいい」は「Ａ＝Ｂを好む」だもんな……。

ステップ2 日英語

主語 ＋ 動詞 ＋ A ════════ B
私　　　　　　　　紅茶　　　　何も入れない
　　　　 like

よし、それでいよいよ英語にするぞ。……でも、Bの「何も入れない」って英語でなんて言えばいいんだろう？

この〈B：何も入れない〉って難しいけど、たとえば砂糖もミルクもレモンも入っていない紅茶って、マコトくんは何て呼んでる？　ほら、「◯◯ティー」って。

……「ストレートティー」だ！　つまり、〈B：何も入れない〉状態はストレートか！

ステップ3 英語

主語 ＋ 動詞 ＋ A ════════ B
私　　　　　　　　紅茶　　　　何も入れない
I　　　　 like　　　 tea　　　　straight

そして完成形はこうなります！

完成形

主語 ＋ 動詞 ＋ A ════════ B
I　like　my tea　straight.
紅茶には何も入れないほうがいい。

そう、日本語の表現に引きずられないこと。これが日本人が英語を話すコツだよ。「何も入れない」って英語の単語であったっけ？　と探しても見つからないよ。

そうです。「何も入れない」という単語を探してしまいました。それで見つからないからダメだと思った。だけど言われてみたら、ストレートティーはもちろん知っていた。ただ、今、引っ張り出せないだけ。

とにかくすべて自分の単語を使ってつくるんですね。

コツは、単語はどんぴしゃりを探すな。今、自分の持っている単語から探せ！か。

自分の持っている単語から探すと考えれば、ある程度の表現の幅が広がりますね。もちろん、ストックが多いに越したことはないし、ひらめきは必要かもしれないですけど。

でも、最初から「そんな単語は知らない」と思っちゃったら、そもそも英文をつくることができないから、大きな違いですね。

うん、「ドンピシャな単語」を探すのではなく「その意味を伝える単語」を探すってことだからね。

そういう考えに変えていくことだよ。それに慣れていけば会話は日本語と同じようにスムーズにできるはずだ。

僕は英語を話すのにわざわざ遠回りしていた感がある。

単語を一生懸命覚えて、発音をなんとなくそれっぽくしてたら話せると信じていた。

しかし、それは間違いだった。

こうしてみると、本当に英語は簡単だし、ボキャブラリーも持ってい

るし、発音は関係ない。

　そして、こうして魔法の英語のコツをマスターした。

　もう自信満々で英語は話せるようになったのだ。

ま と め

● 英単語の語彙があるにこしたことはないが、中学生までに学んだ1600〜1800語だけでも十分に英会話ができる。

● 日本語に合う英単語が見つからない場合は、自分が持っているボキャブラリー中から近いものや表現できそうな単語を探す。

だからあなたの英語は伝わらないんです！

　僕は顔馴染みになったフランス人のルイーズに積極的に話しかけるようにした。

　ルイーズと仲良くもなるし、英語の練習にもなるし、一石二鳥だ。

　ところが、それを見ていたエレナから重要なアドバイスをもらった。

　えっ、マコトはルイーズのことが好き？　全然気づかなかった……。どちらかというとそっけなくしているように見えた。

 そりゃ、好きだから緊張していたけど、僕としてはがんばって話をしていたんだけどな。

　残念ながら、ルイーズにはその思いは伝わっていないと思う。

 ええっ！
　そうかな。なぜそう思うの？

　エネルギーよ。**伝えるエネルギー**を感じないからだと思う。

　エネルギー？　何のことかわからなかった。「伝えるエネルギー」な

んてことは初めて聞いた。

「英語でコミュニケーションするときに一番大事なのは、実はこの伝えるエネルギーなの。ちょっとその話をするわね……」

エレナは自分が日本に来てコミュニケーションについて気づいたことを話し始めた。

エレナはカズトと結婚して、日本に来たときはほとんど日本語がしゃべれなかった（日本語ペラペラの今では考えられないけど）。でも、必死で勉強して、片言でしゃべり始めてからなんとかコミュニケーションできるようになってきた。そして1対1のときの会話は問題なくできるようになってきた。

ところが、たとえば複数で雑談するときには、エレナはかやの外になることが多かったという。

「わかっているフリ」から入って雑談をマスター

やはり、日本人同士の会話はエレナにはとてもスピードが速くてついていけなかったのだそうだ。

そこで、まずエレナがやったのが「わかっているふり」だ。

わからなくても**「うん、うん」とうなずいてみたり、「へぇ、そうなんだ」「わかるー」とあいづちを打ったりしていかにも「わかっている」ような雰囲気をつくり出した。**

すると、「エレナって日本語が完璧わかってるわね」などと、勝手に勘違いされるようになった。

さらにエレナはあいづちを普通のときよりたくさん打って、しかも自分から話すようにして**口数を2倍くらいに増やした。**

そして、**ジェスチャーも倍くらいに増やした。**

つまり、**これが伝えるエネルギーを高めるということだ。**気がつけば日本語での雑談までできるようになっていた。

そして、この伝えるエネルギーの存在には、英語を話している日本人を見て気づいたのだそうだ。

会話をしていると、同じくらいの英語レベルでも会話が弾む人と全然弾まない人がいる。それは、**87ページの4つのコミュニケーションの量が違っているからだ**という。

　会話が弾む人は、弾まない人の2倍はしゃべっている。

　だいたい倍くらい会話に対する熱量、エネルギーが違うのだ。

　そこでエレナも会話が弾む人、つまり伝えるエネルギーが高い人の真似をしてみたのだという。

　言葉の問題よりもこのエネルギーの問題は大きいかも。そのくらいエネルギーは大事。特に日本人の男性は伝えるエネルギーが低い感じがする。それはマコトも。

　なるほど、伝えるエネルギーってそういうことか。声の大きさ、うなずき、あいづち……考えたこともなかった。

　うん、だからルイーズのことが好きなのが気づかなかったの。なんだか、ルイーズに興味ないように見えてた。

　そんなことはない！　心の底から興味あったよ。

　でも、心の中だけでそう思っていてもダメ。好きだと伝えるのももちろんだけど、「好きなんだ」とエネルギーをかけてコミュニケーションしないと伝わらないよ。

　そのとき、僕はふと実家のトイプードル犬のタローを思い出した。

　タローは僕が実家に帰るとめちゃくちゃ喜び、シッポをちぎれんばかりに振って迎えてくれる。そして、ぴょんぴょん跳ねながら僕に飛びついてくる。

　あれは「好き」という表現そのものだ。

　あれか！　エネルギーとは。

2倍にすると「伝えるエネルギー」が増加する 4つのコミュニケーション

声の大きさ

Can I have your phone number? Pardon? What did you say?

Can I have your phone number? Of course!

いつもの2倍の大きさで話す

あいづち

I had something really delicious yesterday. Okay...

What did you eat? Where?

首が痛くなるほどうなずく

口数

What do you think? I don't know.

I think it's a good idea. A nice plan. You can do it, Louise.

いつもの2倍は話す

ジェスチャー

How do you like the sweets I cooked? Yes.

It was so good!

いつもより大げさな身振り・手振り

そう！　そういうこと。**言葉だけじゃなくてエネルギーで伝えないと。特に英語は。**ちょっと思い出してみて、外国人ってすごい声がうるさくない？

うるさくて、よくしゃべっている感じがする。あれがグローバルなコミュニケーションの平均かも。それに対して日本人は日本語をしゃべるときの感じで、控えめな話をしてしまう。

 それじゃ存在感もないよね。話をなかなか聞いてもらえないんじゃないかな。

そう、英語のときは伝わりにくくなる。だから、いつもの倍の声の大きさ、倍のあいづち、そして、倍しゃべる！

 外国人が話すときのジェスチャーや表情ってとても大げさに感じたけど、それこそがワールドスタンダードなんだね。

彼がケンカをすると黙るわけとは？

カズトと私がケンカするとき、私が必ず言うことは「口を閉じないで、思っていることを言って！」だわ。カズトはどうしても黙っちゃうのよ。

 あっ、僕も元カノとケンカをしたときに言われたことがある。「黙らないで！」って。

そうなの。カズトは日本人の男性の中では社交的なほうだと思うし、話もするほうだと思うけど、ケンカしたときだけは黙っちゃうわね。

でも、その気持ちはわかる。頭にくると黙っちゃうんだよね。

もしかしたら、言い返したら余計に話がこじれて収拾がつかなくなると思うのかもしれない。

もしかしたら、相手のほうが弁が立つって思っているんじゃない？

でもね。勝とうとするよりも、まずは自分の気持ちを伝えるほうが大事。

正論すぎて、何も言えない……。

そのとおりだ。

ハハハ、日本には〈Silence is gold〉、「沈黙は金」って考え方もあるからね。それはそれで有効なときがある。**だけど英語を話すときには、日本人は切り替えなくてはダメよ。**

沈黙していると相手は「この人わかっているのか？」とか「もしかしたら、この人怒っているのか？」と不安になってしまうの。

日本人はすごく礼儀正しくて、良い人っていう評判だけど、ちょっと口数が少なくて、反応が薄いっていうのは有名だよね。

そ、そうなんだ……。腹の底に本音を隠しているって思われていたら損だよね。

スウェーデンではエレベーターで同じマンションの知らない人に会っても「おはよう！　いい天気ですね」とか言って、そこからおしゃべりが始まることがあるんだけど、日

本人は知らない人同士だとそれはない。特に私は外国人だから、英語で話さないと通じないと思われるのか、エレベーターで挨拶してもらえない……。

そう言ったら、カズトが説明してくれたんだけど「日本人は声を出さずに、ペコリと頭を下げることで挨拶をしていることにしているんだ」だって！

ああ、確かにそれはある！　僕もペコリってやっている。あれじゃダメなの？

それじゃ、わからないのよ。声に出さないと、挨拶していないのと同じになってしまう。特に英語の会話の場合には沈黙は悪なの。

初めて会った外国人同士の場合、一方が黙りこくっていたら不安とか不信しかないよな。

日本人同士の何倍もハッキリと伝えていかないとダメってことか。

あとね、日本人ってエレベーターでは目を合わせないようにするでしょう。他のシチュエーションでもそうだよね。知らない人同士はアイコンタクトしない。私も日本式のアイコンタクトをしないのに慣れてきてしまって、この前スウェーデンに帰ったとき、お母さんに「エレナはどうして目を合わせないの？」って言われてしまったわ。

そういうアイコンタクトとか表情も日本人はあまりうまくないわ。

僕、もうすべて当てはまってしまうなあ。日本のコミュニケーションって、かなりガラパゴス化されてるんだな。

いいえ、いいところもいっぱいあるのよ。さっき言ったように、人に親切なところとか。

ただ、日本式のコミュニケーションは外国人と話すときには180度ぐらい変えるくらいのつもりで勉強したほうが良さそうね。

ねぇ、マコトにもカズトに教えてあげた表情のトレーニングを教えてあげましょうか。

ぜひ教えてください！
ルイーズに嫌われたくないし、こうして英語を習っているのだからコミュニケーション力も高めてどんどん友だちも増やしていきたいしなあ。

まず、第一印象は2秒で決まるといわれていて、アメリカの心理学者のアルバート・メラビアンによるとその55%が視覚情報であると言っています。

つまり、見た目、表情はとても大きな影響を与えていることがわかります。

だから、最高の表情、笑顔かどうかは印象を決めるのにとても重要です。

特に重要なポイントは「目元」「口元」です。92ページのイラストを見てください。

これらのポイントをクリアしないと、自分では笑っているつもりでも、相手には「笑顔」であることが伝わらないという。

エレナが教えてくれた会話量を増やすとか、声を出すとか、表情とかって、世界共通の「楽しい会話をするために必要なこと」なんだね。

3つの表情のポイントを鏡でチェックしてみよう！

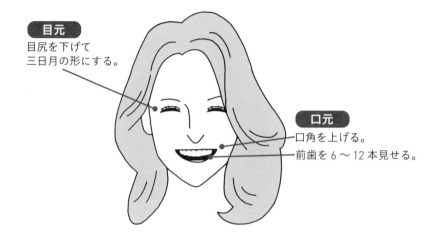

目元
目尻を下げて
三日月の形にする。

口元
口角を上げる。
前歯を 6 〜 12 本見せる。

そう、そうなのよ。実は英語でも、日本語でも「楽しい会話」を目指すならやることは同じなの。英語の会話のときだけ急に楽しくする、とかではないのよ。

　英語で会話を楽しむなら、まずは日本語の会話からってことだね。たしかに僕ら日本人同士は相手に気を使って、礼儀正しく会話するのは得意かもしれないけど、相手と楽しくとか、伝えようとするエネルギーなんてほとんど意識しないかも。

そうすると相手もこの人と会話をしよう！　という気がなくなっちゃうのよね。
　表情や声の出し方だけで「会話したくない」なんて思われたらもったいないよね。

英語もがんばるけど。表情や声、エネルギーも伝わるようにがんばるぞ！

そう、そうしたらルイーズもマコトに夢中になっちゃうかも。がんばれ、マコト！

エレナはあまりにも日本語が上手なので、つい日本語で話してしまう。英語の練習にならない。

だから、僕は最後だけ〈主語＋give＋人＋物〉の英語のカタチで言ってみた。

Your advice gave me a lot of energy. Thank you!

（君のアドバイスでパワフルなエネルギーもらったよ。ありがとう）

> ### まとめ
>
> ● コミュニケーションでは「伝えるエネルギー」が必要。
> ● 伝えるエネルギーは「声の大きさ」「あいづち」「口数」「ジェスチャー」のこと。
> ● 日本語でのコミュニケーションの質で英語のコミュニケーションの質も決まってくる。
> ● 挨拶がコミュニケーションの基本。外国人との挨拶は声をはっきり出して、相手に伝わる声量で話をする。

3つの英語のカタチを
自由にあやつる方法

マコトが英語を話せるようになるまであと1日

例 1つの日本語文を3つの英語のカタチに
「この英語勉強法はカンタンそうだ」を英語にしてみよう。

A = B

A ━━━━━━━━━ B
This English study method sounded easy.

主語＋動詞＋ A = B

主語＋ 動詞 ＋ A ━━━━━━━ B
I found this English study method easy.

主語＋動詞＋人＋物

主語 ＋動詞＋人＋ 物
This English study method gave me an easy impression.

表現は違うが、すべて以下の
日本語の意図を伝えられる！

この英語勉強法はカンタンそうだ。

そろそろクルージングの旅が終わりに近づいてきた。この頃になると、学んできた英語のカタチを使ってだいぶ文章をつくれるようになってきた。

Actually, Kazuto teaches me magic English lessons.
主語 ＋ 動詞 ＋人＋ 物

（実は、カズトから魔法の英語レッスンを受けているんだ）

Oh, really? I feel your English better and better day by day.
主語＋ 動詞 ＋ A ＝ B

（へぇー、そうなの？ 確かに日に日にマコトの英語がすごくうまくなっている、って感じてたの）

Really? You think so? That's great. I believe it a magic lesson which I could master English in just 10 days.
主語＋ 動詞 ＋ A ＝ B

（本当？ そう思う？ それはうれしいな、やっぱりそれは魔法のレッスンってことだよ。たった10日間でマスターできるなんて）

You seem talented in this area.
A ＝ B

（あなたが語学の才能があるんじゃないの？）

No, not at all. Because I couldn't speak at all even though I learned for 10 years in school.
That is great. I believe that lesson to be magical.
A ＝ B 主語＋ 動詞 ＋ A ＝ B
I t gave me English speaking skills for 10 days.
主語 ＋ 動詞 ＋人＋ 物

（いいや、全然ないよ。だって、学校で10年間も勉強してきたのに、全然しゃべれなかったんだ。でも、すごいよ。この英語レッスンは魔法だと思う。たった10日間で英語をしゃべれるようになったんだ）

It's a real magic.

（本当、すごい魔法ね）

The most important thing of learning English is getting friends. We became friends Louise. This gives me strong motivation to learn English.

主語 ＋ 動詞 ＋ 人 ＋ 物

（英語がしゃべれるようになって、なにが一番いいって、ルイーズ、君と仲良くなれたことだよ。君と出会えただけでめちゃくちゃラッキーなのに、それが僕に英語を学ぶモチベーションをくれたんだ）

Oh my, I'm super lucky, too!

（あら、私も超ラッキーだわ！）

僕らは笑いながら英語で話をした。

ほんのちょっと前までは、夢だと思っていたが今は違う。

本当に、英語でフランス人の女の子と話をして笑っているんだ。

「あたなと出会えて超ラッキー！」とか言われている。

たった10日間で、英語が話せて人生が変わるのだ。

……って、今朝ルイーズと話をしていて思いました。目の前の景色が一変したような感覚です！

いや、僕もエレナと出会って、この英語の学習方法を知って本当に10日で英語が話せるようになったから、奇跡かと思ったんだ。マコトくんの気持ちはよくわかるよ。

最初はエレナと付き合い、結婚したくて英語をマスターしたけど、エレナと結婚した後のほうがすごかった。英語が話せて、めちゃくちゃ人生が変わった。

カズトさんは、英語が話せるようになってからの変化として、こんな

ことを話してくれた。

- 外国人の友だちもいっぱいできた。
- 海外旅行に行っても現地の人とすぐに仲良くなれる。
- カラオケで英語の歌を歌える、歌詞の意味もわかる。
- 映画に字幕はいるけど、英語のセリフを聞いて「ああ、こういう言い回しするんだ」とか発見するのも面白い。
- 英語を使う仕事に転職できた。

あと、不思議なんだけどなんだか**自分に自信ができた気がする。**世界が広がった。そんな経験が誰でもできるのだから、ぜひ1日も早く英語の勉強を始めたほうがいい。
　人生の1日でも早いうちに英語を話せる経験をしたほうがいいに決まっている。

　　僕もほんとうにそれは思います。もっと早くこの魔法のコツを知っていればなあって。

あと、この魔法の英語のカタチは、暗記させられたり、覚えさせられないから記憶力に自信がない人とか、理屈から学ぶので大人向きだ。
　そして、勉強するときには、集中してとにかく毎日15分でもいいからやること。
　忙しくて次の日やろうとしてもやらないから。
　短期集中してやるほうが身につくし、短期だから飽きずに「ああ、面白い」って思いながらすすめられるから学習効率も良くなるんだ。

　　たしかに、そういう意味ではこのクルーズ船で勉強できたのは超ラッキーでした。

今回は最高だったね。10日間で英語を学んでは、乗客の外国人と英語で話せるんだから。英語はクルーズ船で学べ！　って言いたい（笑）。

　それで、なんでもそうだけど**何かを学ぶときに「ああ、面白い」とか「達成した満足感」なんかを味わうのはすごく大事だよ。**

　面白いって思えたら、人間はそうじゃないときの何十倍も身につくんだ。

　それはそうですよね。僕は観光より英語の勉強のほうが楽しかったもんな。

　3つの英語のカタチとそれから積み残し情報、そしてドンピシャの単語を探さない、自分の持っている単語を生かせば、何でもしゃべれる気がするんです。

　うん！　それは「英文を暗記ではなくて自由自在に自分でつくり出す」ってことが今マコトくんはできるようになった。それが英語を話すってことなんだ。

　へぇー、そういうことか！　気づいたら自分で英文をつくり出すようになっていました。

　よし、その今の「へぇー、そういうことか！」を3つのカタチでつくってフィナーレとしよう！

3つのカタチでどんな文でも英語にできる

　えっ、どういうこと？　"oh!"　とか"wow!"とかじゃ、だめなの？

だめ、だめ。そんなんじゃ。ワンパターンの英語に逆戻りだよ。

　だからさ、今僕の話を聞いて「へぇー、そういうことか！」って思ったわけだから、それを3つのカタチで言ってみよう。まぁ、落ち着いて考えて。

「へぇー、そういうことか！」って、思ったのはどうして？

　　カズトさんの話を聞いてそう思ったんです。自分で英文をつくれることが、英語を自由自在に話すことだって納得したんです。

　そうだよね。つまり僕の話でマコトくんは腑に落ちたってこと。どう？　〈A ＝ B〉で言えそうじゃない？

ステップ1	日本語

へぇー、そういうことか！
（英文をつくり出すことについて、カズトの話は腑に落ちた。）

　　あ、〈A：カズトさんの話＝B：腑に落ちた〉か……。ということは、| ステップ2 | はこういうカタチになるわけですね。

ステップ2	日英語

$$A =\!=\!=\!=\!=\!=\!=\!=\!=\!=\!=\!=\!=\!= B$$

カズトの話　　　　　　　　　　　　腑に落ちた

　そうそう、いいじゃない。ただ、「何」が腑に落ちたかという情報を入れなきゃね

ああ、積み残しか！ 「英文をつくり出すこと」は積み
残し情報か！

A ══ B ＋ 積み残し情報
カズトの話 腑に落ちた 英文をつくり出すことについて

そうだよ。だんだん見えてきたようだね。

はい、見えてきました！ カタチと動詞が！
　でも、待てよ……。〈B：腑に落ちた〉って何て言うんだ？
そんな単語知らないぞ……。

ほら、そこで「腑に落ちた」ドンピシャリを探してはだ
めだ。マコトくんが持っている単語を生かすんだ。

　う、うん。そうだね。腑に落ちる、か……。すごい納
得できた……、よーくわかった……、深く理解した……
〈understand〉とか使えるかな。

おお、いいねぇ。そうやって自分が思いつける単語をど
んどん使っていこう。

　はい、〈A：カズトの話〉は「カズトの説明」にして
〈explanation〉を使おうかな。〈B：腑に落ちた〉は「深く
理解する」だから〈deep understanding〉。〈＝〉は「〜ようだ」
の〈sound〉を使おう。
　「英文をつくり出すこと」は積み残し情報だから〈about
making English sentences〉にしようかな。

ステップ3 英語

A ══════ B ＋ 積み残し情報

カズトの話　　　腑に落ちた　　英文をつくり出すことについて

Kazuto's explanation　sound　deep understanding　about making English sentences

> おお、だんだん英文ができてきている。そして完成形の
> これで「へぇー、そういうことか！」になりますか？

完成形

A ══════ B ＋ 積み残し情報

Kazuto's explanation sounds deep understanding about making English sentences.

へぇー、そういうことか！

（英文をつくり出すことについて、カズトの話は腑に落ちた。）

　いいよ、"oh!"とか"wow!"よりも何に対してどう思った
のかが正確に伝わってくるよ。

　じゃ自由自在に英語のカタチで英文をつくっていくよ。
次は〈主語＋動詞＋A＝B〉で「へぇー、そういうことか！」
を言ってみよう。

> 　はい！　じゃ、さっきのA＝Bをそのまま使うとしよう。
> あとは主語と動詞か……。「A＝Bだとわかる」……〈find〉
> を使おう。それで、わかったのは自分だから主語は「私」だ！
> これは前の文章を利用してスラスラできる。

ステップ2 日英語

主語＋動詞＋ A ══════ B ＋ 積み残し情報

　　私　　　　　　カズトの話　腑に落ちた　英文をつくり出すことについて

　　　　　find

主語＋動詞＋A ════ B ＋ 積み残し情報

私 　　　　　 カズトの話　　　　 腑に落ちた　 英文をつくり出すことについて

I find Kazuto's explanation deep understanding about making English sentences

---

完成形

主語 ＋ 動詞 ＋ A ════════ B ＋ 積み残し情報

I found Kazuto's explanation deep understanding about making English sentences.

へぇー、そういうことか！

（英文をつくり出すことについて、カズトの話は腑に落ちた。）

すばらしい！

じゃ、〈主語＋動詞＋人＋物〉はサクッといけそうだね。

　やってみます！

　主語は私？　えーと、待てよ。「物」のところには「深い理解」だよな。そうすると「人」は「私に」だ。〈主語＋動詞＋人：私に＋物：深い理解を〉だ。

　ステップ2 を紙に書いてみますね。

　そうすると「私に」「深い理解を」「与えた」だから〈give〉が動詞になりそうだ。すると主語は〈give〉したこと、つまり「カズトの説明」が〈give〉したんだ！

ステップ2 日英語

主語 ＋動詞＋人 ＋ 物 ＋ 積み残し情報

カズトの話 　　　 私に　 深い理解　 英文をつくり出すことについて

　　　　　 give

「いいね、英語にすると？」とカズトさんは言った。

ステップ3 英語

主語 ＋ 動詞＋人 ＋ 物 ＋ 積み残し情報

カズトの話 　　　　　　私に　　深い理解　　英文をつくり出すことについて

Kazuto's explanation　give　　me　a deep understanding　about making English sentences

---

完成形

主語 ＋動詞＋人＋ 物 ＋ 積み残し情報

Kazuto's explanation gave me a deep understanding about making English sentences.

へぇー、そういうことか！

（英文をつくり出すことについて、カズトの話は腑に落ちた。）

気づくと僕は自信満々で答えていた。

なんだか、最初は「これでいいのかな？」と思いながら英文をつくっていたのが、このカタチでつくり続けていると「これでいい！」という気持ちになってくる。

　では、最後にまとめて言ってみよう「へぇー、そういうことか！」を3つの英語のカタチで。

僕はカズトさんにうながされるまま、〈A＝B〉〈主語＋動詞＋A＝B〉〈主語＋動詞＋人＋物〉の3つのカタチで「へぇー、そういうことか！」を表現することができた。

　どう？　英語はこれで何でもしゃべれるってことがわかったんじゃないかな？

わかりました！　これで僕は本当に英語がしゃべれるようになったんですね。

そう、今回は動詞を〈sound〉〈find〉〈give〉の3つでつくったけど、まだまだ使える動詞はあるよね。

はい、あります。つくっていていろいろ浮かんできました。ずーっとつくれそうです。

そうなんだよ、何でも英文にできそう！　これが英語がしゃべれるってことなんだ。

そうだ、僕が10年間以上望んでいた「英語がペラペラになりたい」という夢を叶えたことを実際に感じることができた瞬間だった。

まとめ

- 英文をつくる際に「何が」「どうした」のように文章で言い換えてみる。
- 言い換えた日本語を英語のカタチに当てはめる→当てはめた日本語を英語に変換する。
- 1つ日本語の文を、3つの英語のカタチ〈A＝B〉〈主語＋動詞＋A＝B〉〈主語＋動詞＋人＋物〉すべてで英文をつくれる。

英語のカタチで格段にアップ！
リスニングの鍛え方

マコトが英語を話せるようになった日

英語のコツでリスニング力も爆上がり！

レッスンの最後に僕は質問した。英会話には絶対に必要かつ、やっかいな課題が残っていることがずっと気になっていたからだ。

　そうそう、カズトさん。質問なんだけど、3つの英語のカタチで話すのはわかったけど、リスニングはどうなるの？　話せても聞けないってことはない？

　それがね、これで聞くこともできるようになる。それは、カタチをとらえることで先を予測して聞けるようになるからだ。
　これまでのリスニングというのは聞いていて、知っている単語が出てきたら「あっ、〈He〉だ」「あっ、〈take〉だ」と一つひとつ取り上げて、最後に自分で英文をつくって、内容を理解する。そんな作業の繰り返しだった。
「知っている単語」→「英文をつくる」→「内容を理解する」なんて流れをいちいちやっていたらすごく時間がかかる。そんなことをしているうちに次の英文が出てくるから、当然ついていけなくなる。

　それはすごくわかります。もう、どんどん単語が流れてきてわけがわからなくなっちゃう。

そうなんだ。それに対して、英語のカタチを意識できる
ようになると、英語を予測しながら聞くことができるん
だ。これをすると全然時間がかからずに内容を理解してい
ける。

英語を予測する？
どういうこと？

うん、**リスニングをやっているときに英文の中の動詞を
とらえたら、同時に英語のカタチもわかるようになる。そ
うすると後の文のカタチを予測できるんだ。**
　たとえば、〈A＝B〉の〈sound〉が出てきたら、次はB
の情報が来るとか、〈主語＋動詞＋A＝B〉で動詞の〈find〉
が出てきたら、次は「A＝B」が来るとかね。

　なるほど、動詞と英語のカタチはセットだから予測でき
るんですね。

そのとおり！　もう、セットになっているから予測がで
きる、だから理解するのに時間がかからなくてすむ。

　へぇー、そんなことができるんだ。動詞と英語のカタチ
をセットにすれば……。

そうだよ。とにかく動詞と英語のカタチをとらえること
を意識して聞くんだ。**練習としては、「何かの英文を動詞
と英語のカタチを意識しながら読む」→「その音声を聞く」
→「読む」→「聞く」を繰り返す。**
　とにかくいつでも動詞と英語のカタチだ。これだけでリ
スニング力は爆上がりだ。

だからさ、英語のカタチと動詞をセットにできるように
なると話すことも聞くことも両方に使えるわけ。

　そうか、気づくと両方できるようになっているんだ。
　たしかに僕もこの10日間でリスニング力が確実にアップしているの
はそのせいか。リスニングの練習はしていないのに、不思議だと思って
いた。
　「たった10日間だったのに、もう前には戻れないくらいこの魔法の英
語のコツにハマッちゃいました。クルーズ船でいろいろな場所にも行っ
たけど、観光よりこの英文をつくることに夢中でした」
　たしかに横浜港を出てから北へ向かって日本海側を通過して何カ所も
周り、そして毎日おいしいものを食べてきた。
　クルーズ船なんかめったに乗れないし、それはそれでいい思い出だ。
　でも、魔法の英語のコツを知り、それを試すにはもってこいのシチュ
エーション。
　毎日、自分から外国人の乗客に挨拶したり、ちょっとしたことを話し
かけたりして本当に楽しかった。
　この僕が外国人と英語で話をしている！　夢のようだ。

　　ハハ、そうだね。まぁ、僕が言った通りになったでしょ
う。10日間で英語がしゃべれるようになるって。

　　　本当です。本当に魔法の英語のコツなんですね！　この
英語じゃなかったら10日間で話すなんて不可能ですから。

　　そうだね。僕も自分が10日間で英語が本当にしゃべれ
るようになったときには、信じられなかったよ。それでエ
レナとも結婚できて……僕だってまるで夢としかいいよう
がない。

　まずさ、この魔法の英語のコツの重要なポイントは、**誰**

も注目しなかった**「英語はカタチでしゃべる」**ことに気づいたことだよね。

はい、それって大発見ですよね。とにかく**日本人はみんな「英語は単語でしゃべる」って信じていますから。**

そうなんだよ。その英語を学ぶときの根本的な間違いを正さない限り、つまり「英語は単語でしゃべる」と考えている限り、永遠にしゃべれないことになる。

そうですね。もう、完全に間違いだったことがわかりました。

そう、とはいえ英語のカタチに着目してもそれが「ああ、英文法ね」と思ってしまうのは間違いだ。そうじゃない。英文法は英文を「ああこのカタチね」と解釈するのに使うけど、この魔法のコツは違う。**「英語のカタチを英語をしゃべるツール」**として使うんだ。

はい、しゃべるツールというのも、今となっては納得です。今ではこのツールがないと英語はしゃべれません。

そうなんだ。そしてこのツールが〈A＝B〉〈主語＋動詞＋A＝B〉〈主語＋動詞＋人＋物〉とめちゃくちゃシンプル。しかも英語のカタチはたった3つだけ。これは英文をつくり出す、最強のツールだと思う。

そうですよね。このツールを使うときにまず、英語のカタチに「日本語」を当てはめるというのがすごくわかりやすかったです。

これまで「英語は単語でしゃべる」って信じていた僕はしゃべろうにも最初の1つ目の単語が出てこなくて、しゃべれなかったんですから。

うん、僕も初めて知ったとき同じように感じたよ。「ああ、英語をしゃべるのに日本語で考えていいって、なんてラクなんだろう」って。

そう、そうするとサクサク英文がつくれるようになりました。なんだかジグソーパズルに当てはめていくようで面白くなってきてしまって……今までと違って、英文は答えが1つじゃない。同じことを3つの英語のカタチで表現できるなんて。まさに自分がつくっているということが実感できるんです。

3つのカタチでわかりやすい英語に！

そうそう、実はマコトくん以外にもこの魔法のコツをいとこに教えたことがあるんだ。それで面白いからビフォー、アフターでどのくらい変わるかって動画を撮ってみたんだ。2つの英語を比べてみよう。

と、カズトさんはスマートフォンの動画を見せてくれた。

僕のいとこの大学生なんだけど、理系なんで英語は苦手だった。とりあえずビフォーでは「去年1年間で一番楽しかったこと」を話してみようって言って話してもらったんだ。

▌Before

The most exciting event in my university life was a presentation regarding my research at an international conference in Hawaii in July this year.

There are two good things. Firstly, regarding my research. We had a big conference with some foreign manufacturers, researchers and people from Harvard University. And it was great memories.

A manufacturer taught me some good effect of operation by way of my research. It was worthwhile for me.

Secondly, regarding my social event. my lab mates and I attended the local party. We drank wines. People wore bikini near the hotel beach.

Everyone, especially my professor were excited,

I had the most enjoyable moments.

〈日本語訳〉
私の大学生活で最もエキサイティングだった出来事は、今年7月にハワイで開催された国際会議での研究発表でした。
良かったことは2つあります。まず、私の研究に関して。海外のメーカーや研究者、ハーバード大学の人たちと一緒に大きな会議をしました。とてもいい思い出です。
あるメーカーからは、私の研究によって操作の良い効果を教えてもらった。とても有意義でした。
次に、交流会についてですが、研究室の仲間と地元のパーティーに参加しました。私たちはワインを飲みました。ホテルのビーチでは、みんなビキニを着ていた。みんな、特に教授が興奮していた。
私は最高に楽しいひとときを過ごした。

　普通の日本の大学生なんてこんなもんですよね。いや、むしろうまいぐらい。だって、10日前の僕よりは全然マシだし……。

　ただ正直に言って、今の自分から見たら上手とは思えないですけど……。

ハハ、そうだね。日本語の文脈をトレースして英語に置き換えたような、まさに日本人らしい英語だ。一生懸命覚えた英語を思い出そうとしているよね。本人もしゃべっていて苦しそうだ。

ああ、気持ちはわかる！　それで、やったんですかこの英語レッスンを？

そうなんだ、ちょっと驚かないでね。本当に10日でこんなにも変わったんだよ。

▌After

主語 ＋ 動詞 ＋ 人 ＋ 物
I am going to tell you one of the most enjoyable stories in my university life.

In July, I joined an international conference in Hawaii.

主語 ＋ 動詞 ＋ 人 ＋ 物
This experience gave me two kinds of enjoyment. The first one was

主語＋ 動詞 ＋ A ＝ B
that I found myself appreciated by both academics in Harvard

主語 ＋ 動詞 ＋ 人 ＋ 物
and business people. This gave me a feeling of awareness that my

study had been completed. The second one was that native

主語 ＋ 動詞 ＋ A ＝ B
people made us excited remarkably. When we drank wines at

A ＝ B
Waikiki Beach, my professor looked excited the most. That is all.
Thank you.

〈日本語訳〉
私の大学生活で最も楽しかった話をひとつしましょう。
7月、私はハワイで開かれた国際会議に参加しました。
この経験は私に2つの楽しみを与えてくれました。ひとつは、ハーバードのアカデミックな人たちからも、ビジネスマンからも評価されたことです。これは、研究をやり遂げたんだという実感を与えてくれました。もうひとつは、地元の人たちが驚くほど盛り上げてくれたことです。ワイキキビーチでワインを飲んだとき、教授が一番興奮した顔をしていました。以上です。ありがとうございました。

ええっ！　すごい！　本当に３つのカタチでしゃべっている！

　そうなんだ、口からどんどん英語が出てきて本人も驚いていたよ。

　動画を見てても、英語をしゃべっていて苦しそうじゃないですね。なんか楽しそう。

　そうだよ、マコトくんと同じだよ。英語が話せて楽しそうだ。じゃ、最後のレッスンだ。リスニングをやってみようか。

　このビフォー＆アフターをよく聞いているとわかる。英語は３つのカタチだけで話せるし、そうするとわかりやすい英語になる。
　明日でクルージング最終日、いよいよ下船だ。
　そして、この英語レッスンも終わる……。

まとめ

- リスニングでも３つの英語のカタチは有効。英語のカタチとセットになっている動詞をとらえることで、文を予測できるようになる。
- リスニングの練習は、「何かの英文を動詞と英語のカタチを意識しながら読む」→「その音声を聞く」→「読む」→「聞く」のステップで行う。
- 英語は３つのカタチだけで話せるし、そうすることでわかりやすい英語になる。

リスニング演習
&
英語のカタチ別！
動詞の使い方と例文

リスニング演習

次ページからのリスニング演習用に、音声ファイルを用意しました。
コチラにアクセスしてください。

https://frstp.jp/eigo

3つのストーリーが入っており、各ストーリーには音声1と音声2の2つが入っています。

音声1　かたまりごとにポーズが入っているもの
音声2　ポーズなしのもの

この2つの音声を、ステップ1〜3の指示に従って聴いてください。
この方法に従うことで、ステップ1とステップ3での音声2を聴いたときの差を感じるはずです。わずか2、3回音声を聴くだけで、ほとんど人が「60〜70％くらい内容を理解できる」レベルまで聴き取れるようになります。慣れてきたら先を予測することを意識して聴いてください。

Little do and don't

Japan is a country of tradition. So, if you want to be successful, you need to know what is acceptable and what is not. There are many things to observe when doing business in Japan, from exchanging business cards to having a business lunch.

Every little thing must be down in the way it should be done. For example, I was told that at the first meeting it is very important to exchange business cards. After introducing yourself, you must leave the other person's card on the table until the meeting finishes. People may consider you rude if you quickly pocket your partner's business card or write on it. In addition, you should know the correct way to place business card on the table.

In Japan, people bow deeply when meeting for the first time. Japanese people bow not only when they meet other people but also when they say goodbye. Some say you need to keep bowing until you can no longer see the people you are saying goodbye to. Because of the bowing culture, some Japanese people still feel uncomfortable when shaking hands with foreigners. Some Japanese people shake hands too strongly and some too softly. Last, having a business lunch or dinner unavoidable In Japan, there is a good chance you will eat in a place that the tatami mats on the floor. So, be sure to wear clean socks all the time.

やるべきこと、やってはいけないこと

　日本は伝統の国だ。もし、日本で成功したいのであれば、日本では何が受け入れられて何が受け入れられないのか知る必要がある。日本で仕事をする場合に、名刺交換からビジネスランチまで、注意しなければならないことがたくさんある。しきたりを守ることは日本での充実した滞在をあなたにもたらすだろう。

　どんな小さな事でも決まったやり方に従わなければならない。たとえば初対面では名刺交換がとても大切だと言う。自己紹介の後は席を立つまで相手の名刺をテーブルの上に置いておかなければならない。相手の名刺をすぐにしまったり何かを書き込んでしたりすると無礼だと思われる。しかも名刺を正しく机の上に置く置き方も知っておかなければならない。

　日本では初めて会ったとき深々とお辞儀をする。日本の人々は会っただけでなく最後に挨拶をする場合にもお辞儀をする。お見送りをする際には相手が見えなくなるまで頭を下げている必要があるとも言われている。こうしたお辞儀の文化があるので、外国人と握手をして挨拶をしたりすることがあまり得意ではない日本人もいまだにいる。強く握りすぎたり、弱く握りすぎたりする人がいるからだ。最後にビジネスランチやディナーは避けがたいときもある。日本では畳が敷いてありそこで食べることがよくある。だからいつも清潔な靴下をはくことを忘れずに。

---

observe：観察する　　exchange：交換する　　fulfill：充実させる　　rude：無礼
bow：お辞儀をする　　foreigner：外国人

英文を見ずに音声 1 と一緒に英文をシャドウイング[*]する（2 回）。

＊音声の後に続いて英文を読んでいくこと

Japan is a country of tradition. / So, if you want to be successful, / you need to know / what is acceptable / and what is not. / There are many things / to observe / when doing business in Japan, / from exchanging business cards / to having a business lunch.

Every little thing / must be down in the way / it should be done. / For example, / I was told that at the first meeting / it is very important to exchange business cards. / After introducing yourself, / you must leave the other person's card / on the table / until the meeting finishes. / People may consider you rude / if you quickly pocket your partner's business card / or write on it. / In addition, you should know the correct way / to place business card / on the table. /

In Japan,　/ people bow deeply / when meeting for the first time. / Japanese people bow not only / when they meet other people / but also when they say goodbye. / Some say you need to keep bowing / until you can no longer seethe people / you are saying goodbye to. / Because of the bowing culture, / some Japanese people still feel uncomfortable / when shaking hands with foreigners. / Some Japanese people shake hands too strongly / and some too softly. / Last, / having a business lunch / or dinner / unavoidable. / In Japan, / there is a good chance / you will eat in a place / that the tatami mats on the floor. / So, / be sure to wear clean socks / all the time. /

❶ 音声１を聴きながら英文の（　　　　　）を埋めていく
❷ 英文を見ずに音声２を聴き内容を確認する。

Japan is a country of tradition. So, if you want to be successful, you need to know what is acceptable and what is not. There are many things to observe when doing business in Japan, from exchanging business cards to having a business lunch.

Every little thing must be down in the way it should be done. For example, I was told that at the first meeting it is very important to exchange business cards. After introducing yourself, you must leave the other person's card on the table until the meeting finishes. People (　　　) (　　　) (　　　) (　　　) if you quickly pocket your partner's business card or write on it. In addition, you should know the correct way to place business card on the table.

In Japan, people bow deeply when meeting for the first time. Japanese people bow not only when they meet other people but also when they say goodbye. Some say you need to keep bowing until you can no longer see the people you are saying goodbye to. Because of the bowing culture, some Japanese people still (　　　) (　　　) when shaking hands with foreigners. Some Japanese people shake hands too strongly and some too softly. Last, having a business lunch or dinner unavoidable. In Japan, there is a good chance you will eat in a place that the tatami mats on the floor. So, be sure to wear clean socks all the time.

❶ 英語を見ずに音声2を聴いて内容を理解する。
❷ 英文を音読し内容を理解する
❸ 日本語訳を読んで内容を確認する。

Japanese seasons

Japanese people seem to be very proud of their seasons. I have been told many times by Japanese people that they have four seasons. Do they think that other countries don't have any seasons?

When I mention seasons in other countries, the Japanese don't seems impressed. They say Japan has bigger, better and more dramatic seasons. They tell me about the different clothes, the holidays and the food that go with each season. They tell me that greetings change for each season too.

Usually, I just listen politely when Japanese people talk about their four seasons. One day, a businessman asked me where I came from. I said "Minnesota". The businessman said that must be cold there. I said "yes". Later, he asked me if we have summer in Minnesota. I felt annoyed because we don't normally talk about our country's seasons. The Japanese businessman continued and told me about other things like Kotatsu in winter and soumen in summer. I find Japanese people's conversations to be different from those in other countries.

However, I must admit that I do enjoy each season in Japan. In spring, I love the sakura-viewing. In fall, I enjoy the leaves changing color. In harmony with nature, Japanese people enjoy different seasons foods, like soumen in summer and nabe in winter. All together the Japanese seasons seem to be inseparable from the lives of Japanese people.

リスニング演習

日本の四季

　日本人は四季をとても誇りに思っているようだ。私は何度も日本の人々から日本には四季があると聞かされた。他の国は季節がないと思っているのだろうか。

　私が他の国の季節のことを言っても日本人はそれほど感銘を受けないようだ。日本の四季は変化が大きく美しく印象的だと言う。季節ごとに服装が変わり、祝日があり、食べるものも変わると教えてくれる。また季節ごとに挨拶が変わるという。

　日本人が四季について話しているときには大抵静かに聞いているのだが、ある日ある会社員の人が私にどこの出身ですかと聞いた。私はミネソタだと答えた。彼は「そこは寒いでしょう」と言った。私は「はい」と答えた。しばらくして夏はあるのかと聞いた。私はむっとした。私は普段自分たちが国の季節に関してあまり話さないからだ。その日本人の会社員は続けて冬のこたつ、夏のそうめんのような他のことを私に話した。日本人の会話は他の国と異なる。

　しかし確かに私は日本の四季を楽しんでいると認めなければならない。私は春の花見が大好きである。また秋には紅葉を楽しんでいる。自然とともに、日本人は季節ごとの料理、夏のそうめんや冬の鍋料理などを楽しむのだ。つまり、日本の四季は日本人の生活と切り離せないもののようだ。

---

mention：話に出す、impressed：感動して、go with：〜と合う、 greeting：挨拶、politely：儀礼的に、continue：続ける、admit：認める、 sakura-viewing：花見、inseparable：切り離せない

英文を見ずに音声1と一緒に英文をシャドウイング[＊]する（2回）。

＊音声の後に続いて英文を読んでいくこと

Japanese people seem to be very proud / of their seasons. / I have been told many times / by Japanese people / that they have four seasons. / Do they think / that other countries / don't have any seasons? /

When I mention seasons in other countries, / the Japanese don't seems impressed. / They say / Japan has bigger, / better / and more dramatic seasons. / They tell me / about the different / clothes, / the holidays / and the food that go with each season. / They tell me / that greetings change / for each season / too. /

Usually, / I just listen politely / when Japanese people talk about / their four seasons. / One day, / a businessman asked me where I came from. / I said "Minnesota". / The businessman said / that must be cold there. / I said "yes". / Later, / he asked me / if we have summer / in Minnesota. / I felt annoyed / because we don't normally talk / about our country's seasons. / The Japanese businessman continued / and told me about other things like / Kotatsu in winter / and soumen in summer. / I find Japanese people's conversations / to be different / from those in other countries. /

However, / I must admit / that I do enjoy each season / in Japan. / In spring, / I love the sakura-viewing. / In fall, / I enjoy the leaves changing color. / In harmony with nature, / Japanese people enjoy different seasons foods, / like soumen in summer / and nabe in winter. / All together / the Japanese seasons / seem to be inseparable / from the lives of Japanese people. /

❶ 音声 1 を聴きながら英文の（　　　　）を埋めていく。
❷ 英文を見ずに音声 2 を聴き内容を確認する。

Japanese people （　　）（　　）（　　）（　　）（　　）
（　　）（　　）（　　）. I have been told many times by Japanese people that they have four seasons. Do they think that other countries don't have any seasons?

When I mention seasons in other countries, the Japanese （　　）
（　　）（　　）. They say Japan has bigger, better and more dramatic seasons. They tell me about the different clothes, the holidays and the food that go with each season. They tell me that greetings change for each season too.

Usually, I just listen politely when Japanese people talk about their four seasons. One day, a businessman asked me where I came from. I said "Minnesota". The businessman said that must be cold there. I said "yes". Later he asked me if we have summer in Minnesota. I （　　）（　　） because we don't normally talk about our country's seasons. The Japanese businessman continued and told me about other things like Kotatsu in winter and soumen in summer. I （　　）（　　）（　　）（　　）
（　　）（　　）（　　） from those in other countries.

However, I must admit that I do enjoy each season in Japan. In spring, I love the sakura-viewing. In fall, I enjoy the leaves changing color. In harmony with nature, Japanese people enjoy different seasons foods, like soumen in summer and nabe in winter. All together the Japanese seasons seem to be inseparable from the lives of Japanese people.

ステップ1　英文の内容を理解する

❶ 英語を見ずに音声2を聴いて内容を理解する。
❷ 英文を音読し内容を理解する。
❸ 日本語訳を読んで内容を確認する。

❘ Leg pain cluture

I came to Japan three years ago. To make my new life interesting, I wanted to try a Japanese art. There are so many to choose from: judo, sado, kendo, shodo, and ikebana are just a few examples among many. I hoped that studying an art would make me understand my new home and help me enjoy Japan.

First, I chose the tea ceremony or sado. I found it elegant. I went to a local teacher and signed up for classes. I felt surprised when I tried it myself. Everyone else's movement looked smooth, but I was clumsy and slow. When the other students drank my tea, their faces turned blue. I drank some and it tasted terrible. After two hours, my legs feel asleep and felt like jelly. I couldn't walk.

I decided to try Japanese shodo next. I think shodo is beautiful art form. Unfortunately, I just drew lines and circles. I felt terrible. Again the worst part of all was that during shodo, I was sitting on my knees in pain. Just like the tea ceremony, I couldn't stand sitting.

I finally tried kendo because I thought something active would suit me. so I wouldn't have to sit. Also, kendo would make me strong. It sounded perfect so I signed up. Unfortunately, I learned more about getting shouted and being sore. And once again, in the end, it was just sitting that made me quit.

リスニング演習

I don't like sitting in seiza and I think twenty years from now what I will probably remember the most about the Japanese arts their painful sitting style.

▎足の痛み

　私は3年前に日本に来た。日本での新しい生活を楽しむためには日本の芸術をたしなみたいと思った。柔道、茶道、剣道、書道、生花など、たくさんの中から選ぶことができる。芸術を学ぶことで新しい故郷を理解できるし、日本での生活を楽しめると思った。

　はじめに私は茶道を選んだ。優雅だと思ったからだ。地元の先生のところに行き入会した。自分でやってみて驚いた。みんなは上手に見えたのに引き換え、私は不器用で鈍かった。他の生徒が私のお茶を飲んだとき顔色が青ざめた。私で自分で飲んでみたがあまりにもまずかった。2時間後私の足はしびれ、膝がガクガクし、歩けなかった。

　次に書道に挑戦した。書道は美しい芸術形式だからだ。残念ながら、私と言ったら線と丸を書いているだけだった。すっかり落ち込んでしまった。また最悪だったのは書道の間中痛みをこらえて正座していたところだ。ちょうど茶道のときと同じように正座には耐えられなかった。

　最後に剣道に挑戦した。これは活動的なので私には向いているし、座る必要はないと思ったからだ。また剣道をやることで私は強くなる。完璧だと思い申し込んだ。残念ながら慣れたのは怒鳴られることと痛い思いだった。そしてまたも正座が嫌でやめてしまった。

　私は正座することが嫌いだ。きっと20年後に日本の芸術について一番よく覚えていることは苦痛な正座だろう。

---

clumsy：不器用な、unfortunately：残念ながら、terrible：ひどい、sore：痛む、quit：断念する、painful：苦痛な

英文を見ずに音声1と一緒に英文をシャドウイング[*]する（2回）。

＊音声の後に続いて英文を読んでいくこと

I came to Japan / three years ago. / To make my new life interesting, / I wanted to try a Japanese art. / There are so many to choose from / : judo, sado, kendo, shodo, and ikebana / are just a few examples / among many. / I hoped that studying an art / would make me understand / my new home / and help me enjoy Japan. /

First, / I chose the tea ceremony / or sado. / I found it elegant. / I went to a local teacher / and signed up / for classes. / I felt surprised / when I tried it myself. / Everyone else's movement / looked smooth, / but I was clumsy / and slow. / When the other students drank my tea, / their faces turned blue. / I drank some / and it tasted terrible. / After two hours, / my legs feel asleep / and felt like jelly. / I couldn't walk. /

I decided to try Japanese shodo next. / I think / is hodos beautiful art form. / Unfortunately, / I just drew lines / and circles. / I felt terrible. / Again / the worst part of all / was that during shodo, / I was sitting on my knees / in pain. / Just like the tea ceremony, / I couldn't stand / the sitting. /

I finally tried kendo / because I thought something active / would suit me, / so I wouldn't have to sit. / Also, / kendo would make me strong. / It sounded perfect / so I signed up. / Unfortunately, / I learned more about getting shouted / and being sore. / And once again, / in the end, / it was just sitting / that made me quit. /

I don't like sitting / in seiza / and I think twenty years from now / what I will probably remember the most / about the Japanese arts / their painful sitting style. /

❶ 音声1を聴きながら英文の（　　　　　）を埋めていく。
❷ 英文を見ずに音声2を聴き内容を確認する。

I came to Japan three years ago. To make my new life interesting, I wanted to try a Japanese art. There are so many to choose from: judo, sado, kendo, shodo, and ikebana are just a few examples among many. I hoped that studying an art would (　　　) (　　　) (　　　) my new home and help me enjoy Japan.

First, I chose the tea ceremony or sado. I (　　　) (　　　) (　　　) . I went to a local teacher and signed up for classes. I (　　) (　　) when I tried it myself. Everyone else's movement (　　　) (　　　) , but I was clumsy and slow. When the other students drank my tea, their faces turned blue. I drank some and it (　　　) (　　　) . After two hours, my legs feel asleep and felt like jelly. I couldn't work.

I decided to try Japanese shodo next. I think shodo is beautiful art form. Unfortunately, I just drew lines and circles. I (　　　) (　　　) . Again the worst part of all was that during shodo, I was sitting on my knees in pain. Just like the tea ceremony, I couldn't stand sitting.

I finally tried kendo because I thought something active would suit me so I wouldn't have to sit. Also, kendo would make me strong. It (　　　) (　　　) so I signed up. Unfortunately, I learned more about getting shouted and being sore. And once again, in the end, it was just sitting that made me quit.

I don't like sitting in seiza and I think twenty years from now what I will probably remember the most about the Japanese arts their painful sitting style.

〈A＝B〉の動詞10語の
使い方と例文

❶ appear A━━━B **A は外見から判断して B に思える**

ステップ1 日本語　伝えたい内容を思い浮かべる。

彼は元気そうだ。

ステップ2 日英語　伝えたい内容の日本語を英語のカタチ A ＝ B に入れる。

人 モノ　　　　　　　　　　　　　　　特性 キャラ 名前 状態
A ━━━━━━━━━━━━━━━ B
彼　　　　　　　　　　　　　　　　　元気

ステップ3 英語　　英語のカタチに入れた日本語をそのまま英語にする。

人 モノ　　　　　　　　　　　　　　　特性 キャラ 名前 状態
A ━━━━━━━━━━━━━━━ B
彼　　　　　　　　　　　　　　　　　元気
He　　　　　　appear　　　　　　　fine

完成形　A━━━B

He appears fine.

② **look**
A ═══ B　　　A は外見から判断して B に思える

ステップ1 日本語　伝えたい内容を思い浮かべる。

この靴はかっこよさそう。

ステップ2 日英語　伝えたい内容の日本語を英語のカタチ A ＝ B に入れる。

人 モノ　　　　　　　　　　　　　特性 キャラ 名前 状態
A ═══════════════ B
この靴　　　　　　　　　　　かっこいい

ステップ3 英語　　英語のカタチに入れた日本語をそのまま英語にする。

人 モノ　　　　　　　　　　　　　特性 キャラ 名前 状態
A ═══════════════ B
この靴　　　　　　　　　　　かっこいい
These shoes　　　look　　　　cool

完成形　A ═══ B
These shoes look **cool.**

③ **seem**
A ═══ B　　　A は外見から判断して B に思える

ステップ1 日本語　伝えたい内容を思い浮かべる。

何かおかしいぞ。

ステップ2 日英語　伝えたい内容の日本語を英語のカタチ A ＝ B に入れる。

人 モノ　　　　　　　　　　　　　特性 キャラ 名前 状態
A ═══════════════ B
何か　　　　　　　　　　　　おかしい

ステップ3 英語　　英語のカタチに入れた日本語をそのまま英語にする。

人 モノ　　　　　　　　　　　　　特性 キャラ 名前 状態
A ═══════════════ B
何か　　　　　　　　　　　　おかしい
Something　　　seem　　　　wrong

完成形　A ═══ B
Something seems **wrong.**

④ **sound**　A━━━B　**A は聞いて判断して B に思える**

ステップ1 日本語　伝えたい内容を思い浮かべる。

彼女はポジティブだね。

ステップ2 日英語　伝えたい内容の日本語を英語のカタチ A ＝ B に入れる。

人 モノ　　　　　　　　　　　　　特性 キャラ 名前 状態
A ━━━━━━━━━━━━ B
彼女　　　　　　　　　　　　　ポジティブ

ステップ3 英語　英語のカタチに入れた日本語をそのまま英語にする。

人 モノ　　　　　　　　　　　　　特性 キャラ 名前 状態
A ━━━━━━━━━━━━ B
彼女　　　　　　　　　　　　　ポジティブ
She　　　　sound　　　　positive

完成形　A ━━━━━ B
She sounds **positive.**

---

⑤ **smell**　A━━━B　**A は B の匂いがする**

ステップ1 日本語　伝えたい内容を思い浮かべる。

これらのりんごはいい匂いだ。

ステップ2 日英語　伝えたい内容の日本語を英語のカタチ A ＝ B に入れる。

人 モノ　　　　　　　　　　　　　特性 キャラ 名前 状態
A ━━━━━━━━━━━━ B
これらのりんご　　　　　　　　　いい

ステップ3 英語　英語のカタチに入れた日本語をそのまま英語にする。

人 モノ　　　　　　　　　　　　　特性 キャラ 名前 状態
A ━━━━━━━━━━━━ B
これらのりんご　　　　　　　　　いい
These apples　　　smell　　　good

完成形　A ━━━━━ B
These apples smell **good.**

A ＝ B の動詞 10 語

6 A ══════ B **taste**　　AはBの味がする

ステップ1 日本語　伝えたい内容を思い浮かべる。

フレッシュジュースはおいしい。

ステップ2 日英語　伝えたい内容の日本語を英語のカタチ A = B に入れる。

人 モノ　　　　　　　　　　　　　　　　特性 キャラ 名前 状態
A ════════════════════ B
フレッシュジュース　　　　　　　　おいしい

ステップ3 英語　　英語のカタチに入れた日本語をそのまま英語にする。

人 モノ　　　　　　　　　　　　　　　　特性 キャラ 名前 状態
A ════════════════════ B
フレッシュジュース　　　　　　　　おいしい
Fresh juice　　　　taste　　　delicious

A ════════ B
完成形　**Fresh juice** tastes **delicious.**

---

7 A ══════ B **feel**　　AはBと感じる

ステップ1 日本語　伝えたい内容を思い浮かべる。

今日はいい感じです。

ステップ2 日英語　伝えたい内容の日本語を英語のカタチ A = B に入れる。

人 モノ　　　　　　　　　　　　　　　　特性 キャラ 名前 状態
A ════════════════════ B
私　　　　　　　　　　　　　　　いい感じ

ステップ3 英語　　英語のカタチに入れた日本語をそのまま英語にする。

人 モノ　　　　　　　　　　　　　　　　特性 キャラ 名前 状態
A ════════════════════ B
私　　　　　　　　　　　　　　　いい感じ
I　　　　　　　feel　　　　　fine

A ══ B
完成形　**I** feel **fine** today.

⑧ stay A ══════ B   AはBの状態のままである

ステップ1 日本語　伝えたい内容を思い浮かべる。

寒い天気が続くでしょう。

ステップ2 日英語　伝えたい内容の日本語を英語のカタチ A = B に入れる。

人 モノ		特性 キャラ 名前 状態
A ══════════════════		B
天気		寒い

ステップ3 英語　英語のカタチに入れた日本語をそのまま英語にする。

人 モノ		特性 キャラ 名前 状態
A ══════════════════		B
天気		寒い
The weather	stay	cold

完成形　A ═══════ B

The weather will stay **cold.**

---

⑨ remain A ══════ B   AはBの状態のままである

ステップ1 日本語　伝えたい内容を思い浮かべる。

彼女は幸せなままだった。

ステップ2 日英語　伝えたい内容の日本語を英語のカタチ A = B に入れる。

人 モノ		特性 キャラ 名前 状態
A ══════════════════		B
彼女		幸せ

ステップ3 英語　英語のカタチに入れた日本語をそのまま英語にする。

人 モノ		特性 キャラ 名前 状態
A ══════════════════		B
彼女		幸せ
she	remain	happy

完成形　A ═══════ B

She remained **happy.**

⑩ become   A━━━B   A は B になる

ステップ1 日本語　伝えたい内容を思い浮かべる。

彼は教師になった。

ステップ2 日英語　伝えたい内容の日本語を英語のカタチ A＝B に入れる。

人 モノ		特性 キャラ 名前 状態
A	━━━━━━━━	B
彼		教師

ステップ3 英語　英語のカタチに入れた日本語をそのまま英語にする。

人 モノ		特性 キャラ 名前 状態
A	━━━━━━━━	B
彼		教師
He	become	a teacher

完成形　A━━━B

He became a teacher.

132

〈主語＋動詞＋A＝B〉の動詞12語の使い方と例文

① **believe** 　A＝Bと信じる
主語＋動詞＋A＝B

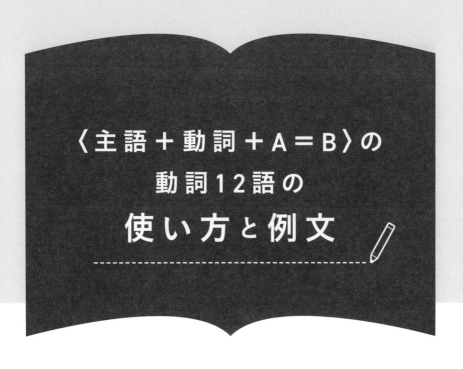

ステップ1 日本語　伝えたい内容を思い浮かべる。

彼は賢いと信じている。

ステップ2 日英語　伝えたい内容の日本語を
英語のカタチ主語＋動詞＋A＝Bに入れる。

主語	＋	動詞	＋	人 モノ 特性 キャラ 名前 状態 A ══ B
私				彼　　賢い

ステップ3 英語　英語のカタチに入れた日本語をそのまま英語にする。

主語	＋	動詞	＋	人 モノ 特性 キャラ 名前 状態 A ══ B
私				彼　　賢い
I		believe		him　clever

完成形 　主語＋ 動詞 ＋ A ══ B
I believe him clever.

❷ consider
主語＋動詞＋A＝B　　A＝Bと考える

ステップ1 日本語　伝えたい内容を思い浮かべる。

彼女は誠実だと思います。

ステップ2 日英語　伝えたい内容の日本語を
英語のカタチ主語＋動詞＋A＝Bに入れる。

			人 モノ	特性 キャラ 名前 状態
主語	＋	動詞 ＋	A ════════	B
私			彼女	誠実

ステップ3 英語　英語のカタチに入れた日本語をそのまま英語にする。

			人 モノ	特性 キャラ 名前 状態
主語	＋	動詞 ＋	A ════════	B
私			彼女	誠実
I		consider	her	honest

主語＋ 動詞 ＋ A ═══ B

完成形 I consider her honest.

---

❸ feel
主語＋動詞＋A＝B　　A＝Bと感じる

ステップ1 日本語　伝えたい内容を思い浮かべる。

彼の妻は親切だと感じた。

ステップ2 日英語　伝えたい内容の日本語を
英語のカタチ主語＋動詞＋A＝Bに入れる。

			人 モノ	特性 キャラ 名前 状態
主語	＋	動詞 ＋	A ════════	B
私			彼の妻	親切

ステップ3 英語　英語のカタチに入れた日本語をそのまま英語にする。

			人 モノ	特性 キャラ 名前 状態
主語	＋	動詞 ＋	A ════════	B
私			彼の妻	親切
I		feel	his wife	kind

主語＋動詞 ＋ A ═══ B

完成形 I felt his wife kind.

④ find 主語＋動詞＋A＝B　　A＝Bとわかる

ステップ1 日本語　伝えたい内容を思い浮かべる。

私は彼が楽しい性格だとわかった。

ステップ2 日英語　伝えたい内容の日本語を英語のカタチ主語＋動詞＋A＝Bに入れる。

主語	＋	動詞	＋	人 モノ A ＝＝＝ 特性 キャラ 名前 状態
私				彼　　楽しい性格

ステップ3 英語　英語のカタチに入れた日本語をそのまま英語にする。

主語	＋	動詞	＋	人 モノ A ＝＝＝ 特性 キャラ 名前 状態 B
私				彼　　楽しい性格
I		find		him　fun personality

主語 ＋ 動詞 ＋ A ＝＝＝ B

完成形 I found him fun personality.

---

⑤ set 主語＋動詞＋A＝B　　A＝Bにする

ステップ1 日本語　伝えたい内容を思い浮かべる。

父は私を自由にさせてくれた。

ステップ2 日英語　伝えたい内容の日本語を英語のカタチ主語＋動詞＋A＝Bに入れる。

主語	＋	動詞	＋	人 モノ A ＝ 特性 キャラ 名前 状態 B
私の父				私　　自由

ステップ3 英語　英語のカタチに入れた日本語をそのまま英語にする。

主語	＋	動詞	＋	人 モノ A ＝ 特性 キャラ 名前 状態 B
私の父				私　　自由
my father		set		me　free

主語 ＋動詞＋ A ＝ B

完成形 My father set me free.

⑥ make 主語＋動詞＋A＝B　A＝Bにする

ステップ1 日本語　伝えたい内容を思い浮かべる。

音楽でリラックスする。

ステップ2 日英語　伝えたい内容の日本語を英語のカタチ主語＋動詞＋A＝Bに入れる。

主語	＋	動詞	＋	A	人 モノ	B	特性 キャラ 名前 状態
音楽				私		リラックスする	

ステップ3 英語　英語のカタチに入れた日本語をそのまま英語にする。

主語	＋	動詞	＋	A	人 モノ	B	特性 キャラ 名前 状態
音楽				私		リラックスする	
Music		make		me		relaxed	

完成形 主語 ＋ 動詞 ＋ A ＝ B

Music makes me relaxed.

---

⑦ turn 主語＋動詞＋A＝B　A＝Bに変える

ステップ1 日本語　伝えたい内容を思い浮かべる。

彼の話でみんな幸せになった。

ステップ2 日英語　伝えたい内容の日本語を英語のカタチ主語＋動詞＋A＝Bに入れる。

主語	＋	動詞	＋	A	人 モノ	B	特性 キャラ 名前 状態
彼の話				みんな		幸せ	

ステップ3 英語　英語のカタチに入れた日本語をそのまま英語にする。

主語	＋	動詞	＋	A	人 モノ	B	特性 キャラ 名前 状態
彼の話				みんな		幸せ	
His story		turn		everyone		happy	

完成形 主語 ＋ 動詞 ＋ A ＝ B

His story turned everyone happy.

8 **keep**
主語＋動詞＋A＝B

A ＝ B に保つ

ステップ1 日本語　伝えたい内容を思い浮かべる。

私の子どもたちを静かにさせておいた。

ステップ2 日英語　伝えたい内容の日本語を
英語のカタチ主語＋動詞＋ A ＝ B に入れる。

主語	＋	動詞	＋	A 人 モノ 特性 キャラ 名前 状態 B
私				私の子どもたち　　静か

ステップ3 英語　英語のカタチに入れた日本語をそのまま英語にする。

主語	＋	動詞	＋ A 人 モノ 特性 キャラ 名前 状態 B
私			私の子どもたち　　静か
I		keep	my children　　quiet

完成形 主語 ＋ 動詞 ＋ A B
I kept my children quiet.

---

9 **leave**
主語＋動詞＋A＝B

A ＝ B にほうっておく

ステップ1 日本語　伝えたい内容を思い浮かべる。

1日中あかりをつけっぱなしにした。

ステップ2 日英語　伝えたい内容の日本語を
英語のカタチ主語＋動詞＋ A ＝ B に入れる。

主語	＋	動詞	＋	A 人 モノ 特性 キャラ 名前 状態 B
私				あかり　　ついている

ステップ3 英語　英語のカタチに入れた日本語をそのまま英語にする。

主語	＋	動詞	＋ A 人 モノ 特性 キャラ 名前 状態 B
私			あかり　　ついている
I		leave	the light　　on

完成形 主語 ＋ 動詞 ＋ A B
I left the light on all day.

⑩ call
主語＋動詞＋A＝B　　A＝Bと呼ぶ

ステップ1　日本語　伝えたい内容を思い浮かべる。

あなたを親友と呼びます。

ステップ2　日英語　伝えたい内容の日本語を
英語のカタチ主語＋動詞＋A＝Bに入れる。

		人 モノ	特性 キャラ 名前 状態
主語	＋　動詞　＋	A ＝＝＝＝＝	B
私		あなた	親友

ステップ3　英語　英語のカタチに入れた日本語をそのまま英語にする。

		人 モノ	特性 キャラ 名前 状態
主語	＋　動詞　＋	A ＝＝＝＝＝	B
私		あなた	親友
I	call	you	my best friend

完成形　主語 ＋ 動詞 ＋ A ＝＝＝ B

I call you my best friend.

---

⑪ name
主語＋動詞＋A＝B　　A＝Bと名づける

ステップ1　日本語　伝えたい内容を思い浮かべる。

あなたはあなたの犬にハクと名づけた。

ステップ2　日英語　伝えたい内容の日本語を
英語のカタチ主語＋動詞＋A＝Bに入れる。

		人 モノ	特性 キャラ 名前 状態
主語	＋　動詞　＋	A ＝＝＝＝＝	B
あなた		あなたの犬	ハク

ステップ3　英語　英語のカタチに入れた日本語をそのまま英語にする。

		人 モノ	特性 キャラ 名前 状態
主語	＋　動詞　＋	A ＝＝＝＝＝	B
あなた		あなたの犬	ハク
You	name	your dog	HAKU

完成形　主語 ＋ 動詞 ＋ A ＝＝＝ B

You named your dog HAKU.

⑫ like
主語＋動詞＋A＝B　　　A＝Bであることを好む

ステップ1 日本語　伝えたい内容を思い浮かべる。

ビールは冷えているのがいい。

ステップ2 日英語　伝えたい内容の日本語を
英語のカタチ主語＋動詞＋A＝Bに入れる。

			人 モノ	特性 キャラ 名前 状態
主語	＋	動詞 ＋	A ══════	B
私			ビール	冷えている

ステップ3 英語　英語のカタチに入れた日本語をそのまま英語にする。

			人 モノ	特性 キャラ 名前 状態
主語	＋	動詞 ＋	A ══════	B
私			ビール	冷えている
I		like	my beer	cooled

主語 ＋ 動詞 ＋ ▨ A ══════ ▨ B
完成形　I　like　my　beer　cooled.

動詞の使い方＆例文

主語＋動詞＋A＝Bの動詞12語

〈主語＋動詞＋人＋物〉の
動詞19語の
使い方と例文

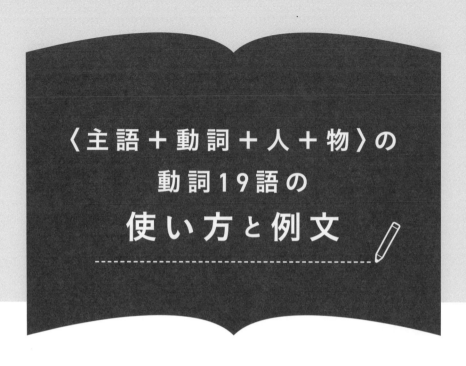

① bring
主語＋動詞＋人＋物 　　　（人）に（物）を持ってくる

ステップ1 日本語　伝えたい内容を思い浮かべる。

店員がコーヒーを運んできた。

ステップ2 日英語　伝えたい内容の日本語を
英語のカタチ主語＋動詞＋人＋物に入れる。

主語	＋	動詞	＋	人	＋	物
店員				私		コーヒー

ステップ3 英語　英語のカタチに入れた日本語をそのまま英語にする。

主語	＋	動詞	＋	人	＋	物
店員				私		コーヒー
The staff		bring		me		a cup of coffee

主語　＋　動詞　＋人＋　　　物
完成形 The staff brought me a cup of coffee.

② give 主語＋動詞＋人＋物　（人）に（物）を与える

ステップ1 日本語　伝えたい内容を思い浮かべる。

母が私にプレゼントをくれた。

ステップ2 日英語　伝えたい内容の日本語を英語のカタチ主語＋動詞＋人＋物に入れる。

主語	＋	動詞	＋	人	＋	物
母				私		プレゼント

ステップ3 英語　英語のカタチに入れた日本語をそのまま英語にする。

主語	＋	動詞	＋	人	＋	物
母				私		プレゼント
My mother		give		me		a present

完成形　主語　＋動詞＋人＋物

My mother gave me a present.

---

③ hand 主語＋動詞＋人＋物　（人）に（物）を手渡す

ステップ1 日本語　伝えたい内容を思い浮かべる。

彼に新聞を手渡した。

ステップ2 日英語　伝えたい内容の日本語を英語のカタチ主語＋動詞＋人＋物に入れる。

主語	＋	動詞	＋	人	＋	物
私				彼		新聞

ステップ3 英語　英語のカタチに入れた日本語をそのまま英語にする。

主語	＋	動詞	＋	人	＋	物
私				彼		新聞
I		hand		him		newspapers

完成形　主語＋動詞＋人＋物

I handed him newspapers.

④ lend
主語＋動詞＋人＋物　　（人）に（物）を貸す

ステップ1 日本語　伝えたい内容を思い浮かべる。

あなたは彼にお金を貸しましたか？

ステップ2 日英語　伝えたい内容の日本語を英語のカタチ主語＋動詞＋人＋物に入れる。

主語	＋	動詞	＋	人	＋	物
あなた				彼		お金

ステップ3 英語　英語のカタチに入れた日本語をそのまま英語にする。

主語	＋	動詞	＋	人	＋	物
あなた				彼		お金
you		lend		him		some money

完成形　主語＋動詞＋人＋物
Did you lend him some money?

---

⑤ offer
主語＋動詞＋人＋物　　（人）に（物）を申し出る

ステップ1 日本語　伝えたい内容を思い浮かべる。

彼女に新しい仕事を申し出た。

ステップ2 日英語　伝えたい内容の日本語を英語のカタチ主語＋動詞＋人＋物に入れる。

主語	＋	動詞	＋	人	＋	物
私				彼女		新しい仕事

ステップ3 英語　英語のカタチに入れた日本語をそのまま英語にする。

主語	＋	動詞	＋	人	＋	物
私				彼女		新しい仕事
I		offer		her		a new job

完成形　主語＋動詞＋人＋物
I offered her a new job.

⑥ pass （人）に（物）を渡す
主語＋動詞＋人＋物

ステップ1 日本語　伝えたい内容を思い浮かべる。

彼らは彼女にそのチケットを渡した。

ステップ2 日英語　伝えたい内容の日本語を
英語のカタチ主語＋動詞＋人＋物に入れる。

主語	＋	動詞	＋	人	＋	物
彼ら				彼女		チケット

ステップ3 英語　英語のカタチに入れた日本語をそのまま英語にする。

主語	＋	動詞	＋	人	＋	物
彼ら				彼女		チケット
They		pass		her		that ticket

完成形 主語＋動詞＋人＋物
They passed her that ticket.

---

⑦ pay （人）に（物）を支払う
主語＋動詞＋人＋物

ステップ1 日本語　伝えたい内容を思い浮かべる。

彼に家賃を支払った。

ステップ2 日英語　伝えたい内容の日本語を
英語のカタチ主語＋動詞＋人＋物に入れる。

主語	＋	動詞	＋	人	＋	物
私				彼		家賃

ステップ3 英語　英語のカタチに入れた日本語をそのまま英語にする。

主語	＋	動詞	＋	人	＋	物
私				彼		家賃
I		pay		him		the house rent

完成形 主語＋動詞＋人＋物
I paid him the house rent.

⑧ send 主語＋動詞＋人＋物　（人）に（物）を送る

ステップ1 日本語　伝えたい内容を思い浮かべる。

彼に重要なメッセージを送った。

ステップ2 日英語　伝えたい内容の日本語を
英語のカタチ主語＋動詞＋人＋物に入れる。

主語	＋	動詞	＋	人	＋	物
私				彼		重要なメッセージ

ステップ3 英語　英語のカタチに入れた日本語をそのまま英語にする。

主語	＋	動詞	＋	人	＋	物
私				彼		重要なメッセージ
I		send		him		an important message

完成形 主語＋動詞＋人＋物
I sent him an important message.

---

⑨ show 主語＋動詞＋人＋物　（人）に（物）を見せる

ステップ1 日本語　伝えたい内容を思い浮かべる。

やり方をお見せしましょう。

ステップ2 日英語　伝えたい内容の日本語を
英語のカタチ主語＋動詞＋人＋物に入れる。

主語	＋	動詞	＋	人	＋	物
私				あなた		やり方

ステップ3 英語　英語のカタチに入れた日本語をそのまま英語にする。

主語	＋	動詞	＋	人	＋	物
私				あなた		やり方
I		show		you		the way

完成形 主語＋動詞＋人＋物
I'll show you the way.

⑩ teach （人）に（物）を教える
主語＋動詞＋人＋物

ステップ1 日本語 伝えたい内容を思い浮かべる。

あなたは日本の歴史を教える予定ですか？

ステップ2 日英語 伝えたい内容の日本語を
英語のカタチ主語＋動詞＋人＋物に入れる。

主語	＋	動詞	＋	人	＋	物
あなた				私たち		日本の歴史

ステップ3 英語 英語のカタチに入れた日本語をそのまま英語にする。

主語	＋	動詞	＋	人	＋	物
あなた				私たち		日本の歴史
you		teach		us		Japanese history

主語＋ 動詞 ＋人＋　　　物
完成形 Will you teach us Japanese history?

---

⑪ tell （人）に（物）を言う
主語＋動詞＋人＋物

ステップ1 日本語 伝えたい内容を思い浮かべる。

彼女は子どもにいい話をした。

ステップ2 日英語 伝えたい内容の日本語を
英語のカタチ主語＋動詞＋人＋物に入れる。

主語	＋	動詞	＋	人	＋	物
彼女				彼女の子ども		いい話

ステップ3 英語 英語のカタチに入れた日本語をそのまま英語にする。

主語	＋	動詞	＋	人	＋	物
彼女				彼女の子ども		いい話
She		tell		her kids		a good story

主語＋動詞＋　人　＋　　物
完成形 She told her kids a good story.

⑫ write
主語＋動詞＋人＋物　　（人）に（物）を書く

ステップ1 日本語　伝えたい内容を思い浮かべる。

彼らにお礼状を書いた。

ステップ2 日英語　伝えたい内容の日本語を
英語のカタチ主語＋動詞＋人＋物に入れる。

主語	＋	動詞	＋	人	＋	物
私				彼ら		お礼状

ステップ3 英語　英語のカタチに入れた日本語をそのまま英語にする。

主語	＋	動詞	＋	人	＋	物
私				彼ら		お礼状
I		write		them		thanks letters

主語＋ 動詞 ＋ 人 ＋ 物
完成形 I wrote them thanks letters.

---

⑬ buy
主語＋動詞＋人＋物　　（人）に（物）を買ってあげる

ステップ1 日本語　伝えたい内容を思い浮かべる。

父に時計を買ってあげた。

ステップ2 日英語　伝えたい内容の日本語を
英語のカタチ主語＋動詞＋人＋物に入れる。

主語	＋	動詞	＋	人	＋	物
私				父		時計

ステップ3 英語　英語のカタチに入れた日本語をそのまま英語にする。

主語	＋	動詞	＋	人	＋	物
私				父		時計
I		buy		my father		a watch

主語＋ 動詞 ＋ 人 ＋ 物
完成形 I bought my father a watch.

⑭ cook 主語＋動詞＋人＋物　（人）に（物）を料理してあげる

ステップ1 日本語　伝えたい内容を思い浮かべる。

彼女にカレーを料理してあげた。

ステップ2 日英語　伝えたい内容の日本語を英語のカタチ主語＋動詞＋人＋物に入れる。

主語	＋	動詞	＋	人	＋	物
私				彼女		カレー

ステップ3 英語　英語のカタチに入れた日本語をそのまま英語にする。

主語	＋	動詞	＋	人	＋	物
私				彼女		料理
I		cook		her		curry and rice

完成形 主語＋ 動詞 ＋ 人 ＋ 物
I cooked her curry and rice.

---

⑮ find 主語＋動詞＋人＋物　（人）に（物）を見つけてあげる

ステップ1 日本語　伝えたい内容を思い浮かべる。

彼女は私たちに新しいシステムを見つけてくれた。

ステップ2 日英語　伝えたい内容の日本語を英語のカタチ主語＋動詞＋人＋物に入れる。

主語	＋	動詞	＋	人	＋	物
彼女				私たち		新しいシステム

ステップ3 英語　英語のカタチに入れた日本語をそのまま英語にする。

主語	＋	動詞	＋	人	＋	物
彼女				私たち		新しいシステム
She		find		us		a new system

完成形 主語＋ 動詞 ＋人＋ 物
She found us a new system.

⑯ get 主語＋動詞＋人＋物　　（人）に（物）を手に入れてあげる

ステップ1 日本語　伝えたい内容を思い浮かべる。

母に美術館のチケットを買ってあげた。

ステップ2 日英語　伝えたい内容の日本語を英語のカタチ主語＋動詞＋人＋物に入れる。

主語	＋	動詞	＋	人	＋	物
私				母		美術館のチケット

ステップ3 英語　英語のカタチに入れた日本語をそのまま英語にする。

主語	＋	動詞	＋	人	＋	物
私				母		美術館のチケット
I		get		my mother		an art museum ticket

主語＋動詞＋　人　＋　物

完成形 I got my mother an art museum ticket.

---

⑰ make 主語＋動詞＋人＋物　　（人）に（物）をつくってあげる

ステップ1 日本語　伝えたい内容を思い浮かべる。

彼は誕生日カードをつくってくれた。

ステップ2 日英語　伝えたい内容の日本語を英語のカタチ主語＋動詞＋人＋物に入れる。

主語	＋	動詞	＋	人	＋	物
彼				私		誕生日カード

ステップ3 英語　英語のカタチに入れた日本語をそのまま英語にする。

主語	＋	動詞	＋	人	＋	物
彼				私		誕生日カード
He		make		me		a birthday card

主語＋　動詞　＋　人　＋　　物

完成形 He made me a birthday card.

18 **play**　　（人）に（物）を演奏してあげる
主語＋動詞＋人＋物

ステップ1 日本語　伝えたい内容を思い浮かべる。

彼女はバイオリンをひいてくれた。

ステップ2 日英語　伝えたい内容の日本語を
英語のカタチ主語＋動詞＋人＋物に入れる。

主語	＋	動詞	＋	人	＋	物
彼女				私たち		バイオリン

ステップ3 英語　英語のカタチに入れた日本語をそのまま英語にする。

主語	＋	動詞	＋	人	＋	物
彼女				私たち		バイオリン
She		play		us		the violin

主語 ＋ 動詞 ＋人＋ 物
完成形 She played us the violin.

---

19 **ask**　　（人）に（物）をたずねる
主語＋動詞＋人＋物

ステップ1 日本語　伝えたい内容を思い浮かべる。

質問をよろしいですか？

ステップ2 日英語　伝えたい内容の日本語を
英語のカタチ主語＋動詞＋人＋物に入れる。

主語	＋	動詞	＋	人	＋	物
私				あなた		質問

ステップ3 英語　英語のカタチに入れた日本語をそのまま英語にする。

主語	＋	動詞	＋	人	＋	物
私				あなた		質問
I		ask		you		some questions

主語＋動詞＋ 人 ＋ 物
完成形 May I ask you some questions?

10日間の
魔法の英語トレーニングで、
1年後にはここまで変わる

　出港する大型客船を港から見て、空いっぱいに広がる大音量の船の汽笛を聴いている。

　あれから、ちょうど1年たった……。

　1年前、僕はここから人生が変わった。

　クルーズ船を降りて、僕はまず転職活動をした。

　絶対、英語関連の仕事をすると決めていた。

　ちょうど前職のようなシステム通信系の会社でエンジニアとして、お客さんは日本人だけど、スタッフは外国人もいるところに就職できた。

　そして、会社の通勤時間を利用しながら英語の勉強も続けたら、ますますしゃべれるようになった。

　今では外国人のエンジニアともテレビ会議や電話で話すことも多い。まだ専門用語がわからなかったり、スタッフによっては訛りがすごくて戸惑うこともあるけど、ひとつひとつクリアしていくのが楽しい。

　しかし、不思議だったのは英語だけではなく普段の会話の様子も変わったことだ。

　よく通っていた定食屋のおばさんから、

「なんだか、あなた変わったわね」と言われた。

「前より、よく話すようになったし、なんか明るくなったわよね」

　そうかもしれない。ちょっとしたことだけど、お店やビルのエレベーターでもほんのひと言ふた言話すようになった。

　以前はそんなことはほとんどなかったのに。

　そして、何と言っても変化したことは、クルーズ船で出会ったルイーズと日本で付き合うことになったのだ。

　ルイーズはパティシエになりたくて修業していたのだが、えらく日本が気に入って日本で働きたくなり、再びやって来たのだ。

　僕はもちろん飛び上がって喜んだ。

　それから、連絡を取って会うようになり、僕から告白して（←もちろん英語で）付き合い始めた。

　そして、お互いに出会ってから1年、ルイーズが日本に来て半年になる来月には、2人でまたクルーズ船に乗る予定だ。

　また、あの旅ができると思うとワクワクする。

　英語で外国人とコミュニケーションが取れるようになると、人生がこんなに楽しくなるなんて夢のようだ。

　いや、外国人だけではない。

　普段日本人と話すのだって、なぜか積極的になり、楽しくなっている。

　たしかに、僕は変わった。

　僕は今、英語を人生を楽しくする道具として使っている。

　これを生かさない手はない。

　だって、誰でも簡単に身につけられるのだ。

　だから、誰でも一度やってみるといい、この魔法の英語のコツを。

著者 安田 正（やすだ ただし）

株式会社パンネーションズ・コンサルティング・グループ代表取締役。

ビジネス英語、対人対応トレーニング、交渉術、ロジカルコミュニケーション、プレゼンテーションなどのビジネスコミュニケーションの領域で、官公庁、上場企業を中心に講師、コンサルタントとして指導実績を持つ。

東京大学、京都大学、一橋大学などでも教鞭をとる。元早稲田大学グローバルエデュケーションセンター客員教授。

本書では、英国留学や法人英語研修を通して「英語学習での日本人共通のつまずき」を発見し、その解決法として開発した「日本人のための英語学習方法」をよりわかりやすく、シンプルにまとめた。

シリーズ累計97万部の『超一流の雑談力』（文響社）、『英語は「インド式」で学べ!』（ダイヤモンド社）、『できる人は必ず持っている一流の気くばり力』『できる人は必ず知っている一流の自分の魅せ方』（いずれも三笠書房）などベストセラー多数。

英語を話せる人だけが知っている
シンプルなコツ

2024年 7月 8日　　初版発行

著　　　　者	安田 正	
発　行　者	太田 宏	
発　行　所	フォレスト出版株式会社	
	〒162-0824	
	東京都新宿区揚場町2-18白宝ビル7F	
電　　　話	03-5229-5750（営業）	
	03-5229-5757（編集）	
U　R　L	http://www.forestpub.co.jp	
印 刷・製 本	中央精版印刷株式会社	

英語を話せる人だけが知っている
シンプルなコツ

本書の読者へ
著者から無料プレゼント！

- CHAPTER 3　解説動画
- CHAPTER 4　解説動画
- CHAPTER 5　解説動画
- リスニング演習　音声ファイル
- 魔法の英語のコツ解説動画

本書と合わせて活用いただければ、
より速く、確実に、英語が話せるようになります！

すべて、以下のアドレスから入手できます。

https://frstp.jp/eigo

＊無料プレゼントのご提供は予告なく終了となる場合がございます。
あらかじめご了承ください。
＊無料プレゼントは WEB 上で公開するものであり、
DVD などをお送りするものではありません。